Denise Reinholdt

Küchenpraxis: 38 schultaugliche Rezepte für die kalte Küche

Hauswirtschaftliches Grundwissen, Warenkunde und Zubereitung

5.–9. Klasse

D1700893

Die Autorin

Denise Reinholdt hat Ernährungs- und Verbraucherbildung, Biologie und Chemie studiert. Sie unterrichtet u. a. Hauswirtschaft und das Profil Gesundheit und Soziales. Bereits im Studium hat sie sich insbesondere in den Bereich der Ernährungsbildung vertieft und während des Referendariats nebenberuflich Kochkurse an der Volkshochschule gegeben. Sie ist weiterhin mit Begeisterung in der Schulküche im Einsatz.

Gedruckt auf umweltbewusst gefertigtem, chlorfrei gebleichtem und alterungsbeständigem Papier.

1. Auflage 2017
© 2017 Persen Verlag, Hamburg
AAP Lehrerfachverlage GmbH
Alle Rechte vorbehalten.

Coverfotos: Smoothie © cock_inspire – Fotolia.com, Frau mit Blender © Syda Productions – Fotolia.com, Himbeeren © pixarno – Fotolia.com, Frau schneidet Zwiebeln © nd3000 – Fotolia.com, Tortillafladen © AfricaStudio – Fotolia.com, gefüllte Tortillas © George Dolgikh – Fotolia.com
Satz: Satzpunkt Ursula Ewert GmbH, Bayreuth

ISBN: 978-3-403-23649-8

www.persen.de

Auf der CD befinden sich alle Rezepte noch einmal als editierbare Worddateien.

Vorwort

Heute bleibt die Küche kalt!

Gekocht wurde in „Küchenpraxis: 42 schultaugliche Kochrezepte" (Bestellnr. 23445), gebacken wurde in „Küchenpraxis: 52 schultaugliche Backofenrezepte" (Bestellnr. 23533) – jetzt ist es Zeit für Salate, Desserts und Snacks, die kalt serviert werden.

Das Thema Salat ist bei Teenagern oft problematisch. Hier bekommen Sie eine große Auswahl an Rezepten und Variationsmöglichkeiten geliefert, mit denen Sie Ihre Schüler überzeugen können. Sie finden Altbekanntes und bestimmt auch viele neue Anregungen. Haben Sie schon einmal den orientalischen Kichererbsendip Hummus probiert? Gurkensalat kennen Sie sicherlich, aber auch die asiatische Variante mit Chili und Zwiebeln? Ob Pralinen aus Käse oder Tramezzini, innovative Ideen treffen auf Klassiker wie Birne Helene oder Möhren-Apfel-Salat.

Sie finden in gewohnter Weise komplett ausgearbeitete Arbeitsmaterialien mit starkem Praxisbezug und eine große Auswahl an erprobten Rezepten mit ausführlichen Unterrichtshinweisen. Die Zubereitung von Gerichten wird harmonisch mit der Bearbeitung theoretischer Inhalte kombiniert. Sowohl Kollegen, die neu im Fach sind, als auch Kollegen, die bereits in Hauswirtschaft unterrichtet haben, werden sich über neue Anregungen zur Unterrichtsgestaltung und neue Rezepte freuen, denn: Praktischer Unterricht in der Küche ist ein Balanceakt zwischen Zeitmangel, Geldmangel, Lehrplan und Lust auf Genuss!

Die Kosten für frische Lebensmittel sind erheblich und mit dem vorhandenen Budget muss planvoll umgegangen werden. Außerdem bleiben in den meisten Fällen nicht mehr als 90 Minuten Zeit, um den Schülern theoretische Inhalte zu vermitteln und die praktische Erfahrungen in der Küche zu ermöglichen.

Glauben Sie, dass es möglich ist, in 15 Minuten mit Kindern ein cremiges Eis herzustellen?
Ja, ist es!

In diesem Band finden Sie Unterrichtsmaterialien für praxisnahen Theorieunterricht zu den Themen:

- Welches Messer verwende ich wofür?
- Reiben, raspeln, hobeln
- Obst und Gemüse vorbereiten
- Das Handrührgerät

und natürlich viele leckere kalte Rezepte!

Ich wünsche Ihnen und Ihren Schülern viel Spaß in den gemeinsamen Stunden!

Denise Reinholdt

1 Welches Messer verwende ich wofür?

Inhalt:

- Arbeitsblatt
- Textbausteine für vier Gruppen
- Lösungsblatt

Vorbereitung:

- Kopieren Sie das Arbeitsblatt im Klassensatz.
- Variante 1: Laufdiktat – Textkästchen vom Lösungsblatt laminieren und samt Messern bereitlegen
- Variante 2: Gruppenarbeit – Textbausteine kopieren und in vier Teile schneiden
- Alle Messer sollten in der Küche vorhanden sein, um sie vorstellen zu können.

Durchführung:

Die Lehrkraft zeigt den Schülern die unterschiedlichen Messer, erklärt deren Anwendung und Nutzung und führt sie ggf. auch vor. Anschließend kann unterschiedlich weitergearbeitet werden. In Variante 1 wird ein Laufdiktat aufgebaut. Dafür legt die Lehrkraft die Messer mit der entsprechenden Karte in der Schulküche verteilt bereit und die Schüler müssen von ihrem Arbeitsplatz immer wieder zu den Messern laufen und sich die Textbausteine merken. Diese Erarbeitung bietet sich für Klassen mit jüngeren Schülern an, da die zu merkenden Teile eher kurz sind und gerade kleinere Schüler viel Spaß an bewegungsaktiven Unterrichtselementen haben.

Alternativ werden die Textbausteine in vier Teile zerschnitten und jeweils einmal in die Gruppen gegeben, damit die Schüler in Gruppenarbeit gemeinsam die Texte ausfüllen können.

Im Anschluss sollten die Schüler die Möglichkeit bekommen, alle Messer zu testen.

Rezepte aus diesem Band, die sich für eine passende Praxisstunde anbieten:

Rohkost mit Dips (S. 54), Obstsalat für jede Jahreszeit (S. 47), Bunter Salat mit Feta und Weizenkörnern (S. 26), Tortellinisalat (S. 62)

2 Reiben, raspeln, hobeln

Inhalt:

- Arbeitsblatt
- Lösungsblatt

Vorbereitung:

Jede Schülergruppe benötigt eine Gurke. Außerdem müssen für jede Gruppe ein Hobel, eine Raspel, eine Reibe, ein Brett und ein Gemüsemesser bereitliegen. Das Arbeitsblatt wird im Klassensatz kopiert. Wenn selbstständig kontrolliert werden soll, dann muss auch das Lösungsblatt bereitgelegt werden.

Weisen Sie die Schüler darauf hin, ordentlich mit der Gurke umzugehen. Später werden aus der zerkleinerten Gurke noch Speisen zubereitet, es wird also bitte nichts weggeschmissen.

Durchführung:

Die Jugendlichen erforschen selbstständig Hobel, Raspel und Reibe. Es kann natürlich vorkommen, dass ein Schüler es schafft, sehr exakte, dünne Scheiben von Hand zu schneiden, in diesem Fall kann dann das Thema Zeit und handwerkliches Können ins Gespräch gebracht werden. Als Fazit sollten gegebenenfalls folgende Hinweise geliefert werden:

- Der Hobel dient als Arbeitserleichterung beim Herstellen von dünnen Scheiben.
- Mit der Raspel kann man schnell feine Streifen herstellen.
- Die Reibe erzeugt ein feineres Mus. (Kartoffelpuffer nennt man auch Reibekuchen, da die Kartoffeln hierfür mit der Reibe zerkleinert werden.)

Folgende Weiterverarbeitung der Gurken bietet sich besonders an:
- Gurkensalat aus den gehobelten Gurken
- Pellkartoffeln mit Gurken-Sour-Creme aus geraspelten und geriebenen Gurken

Die Pellkartoffeln könnten eventuell am Stundenbeginn gemeinschaftlich aufgesetzt oder von der Lehrkraft parallel zur Erarbeitungsphase der Schüler zubereitet werden.

Rezepte aus diesem Band, die sich für eine passende Praxisstunde anbieten:

Gurkensalat, nordisch und asiatisch, Gurken-Sour-Creme (alles S. 34)

3 Obst und Gemüse vorbereiten

Inhalt:

- Arbeitsblatt
- Kopiervorlage
- Lösungsblatt

Vorbereitung:

Kopieren sie die auf S. 7 abgebildete Schnittvorlage und das Arbeitsblatt im Klassensatz.
Sagen Sie rechtzeitig an, dass die Schüler in dieser Stunde Scheren und Kleber benötigen.
Diese Stunde baut auf den Stunden zu den Themen „Messer" und „Reiben, Raspeln, Hobeln" auf und festigt dort gelerntes Wissen. Es wäre sinnvoll, diese Stunde mit einer vorhergehenden Praxisstunde zu verknüpfen, in der die Vorbereitungsarbeiten Waschen, putzen und schälen vorgeführt und durchgeführt werden. Dieses Blatt eignet sich zur Festigung gelernter Inhalte am Ende einer Einheit, da Fachwissen vorausgesetzt wird.

Durchführung:

Schüler bekommen das Arbeitsblatt und die Sternsplitter und bearbeiten die Aufgaben selbstständig. Die Aufgabe kann in Einzelarbeit oder in Gruppenarbeit bearbeitet werden. Die Lösung kann zum selbstständigen Vergleichen bereitgelegt werden.

Rezepte aus diesem Band, die sich für eine passende Praxisstunde anbieten:

Bunter Salat mit Feta und Weizenkörnern (S. 26), Möhren-Apfel-Salat mit Sonnenblumenkernen (S. 43), Obstsalat für jede Jahreszeit (S. 47), Mie-Nudel-Salat (S. 41), Rohkostplatte mit verschiedenen Dips (S. 54), Tortellinisalat (S. 64)

Das Handrührgerät

Inhalt:

- Arbeitsblatt
- Lösungsblatt

Vorbereitung:

Jede Gruppe benötigt ein Handrührgerät mit den passenden Zubehörteilen.

Durchführung:

Die Schüler erkunden in Gruppenarbeit, mithilfe des Arbeitsblattes, ihr Handrührgerät. Lesen Sie sich wenn notwendig in die Bedienungsanleitung ein, stehen Sie helfend zur Seite und erlauben Sie den Schülern das Handrührgerät auch unter Aufsicht auszuprobieren.
Wichtig dabei: Haare zusammenbinden!

Die Schüler können ihre Ergebnisse mit den anderen Schülern vergleichen. Abschließend ist eine Besprechung der Ergebnisse im Plenum sinnvoll, in der die Lehrkraft noch einmal die genaue Benutzung erklärt und die Nutzungsbedingungen (z. B. Haare zusammenbinden) festlegt.

Wenn möglich, kopieren Sie die Piktogramme aus der Bedienungsanleitung des Handrührgerätes. Dort finden sich meist einige schön dargestellte Benutzungs- und Sicherheitshinweise.

Rezepte aus diesem Band, die sich für eine passende Praxisstunde anbieten:

Quarkspeise mit Banane und Mandarine (S. 50), Ananas-Kokos-Ringe mit Zimtquark (S. 21), Knusperapfel (S. 43), Tomatenbutter (S. 61), Zitronencreme (S. 69)

Elektrische Küchenhelfer

Inhalt:

Arbeitsblatt

Vorbereitung:

Für diese Stunde werden Computer mit Internetzugang benötigt. Der Umgang mit neuen Medien ist in allen Fächern gewünscht. Im Fach Hauswirtschaft gibt es viele Themen, bei denen man auch den Computer in den Unterricht einbeziehen kann. In diesem Fall dient er der Informationsbeschaffung. Die elektrischen Küchenhelfer sollten zum späteren Ausprobieren und Anwenden schon vorab bereitgelegt werden.

Durchführung:

Die Schüler recherchieren zu Verwendung und Aussehen von Universalzerkleinerer, Standmixer und Pürierstab. Da die Recherche individuell und ergebnisoffen erfolgt, existieren zu dieser Stunde keine Arbeits- und Lösungsblätter.

Wenn Sie den Schülern erlauben, Bilder der Geräte auszudrucken, dann sollten Sie darauf achten, dass die Bilder auf die entsprechende Größe verkleinert werden, um alle drei Geräte auf einem Blatt ausdrucken zu können. So wird unnötiger Papierverbrauch vermieden.
Im Anschluss sollten die Geräte in der Praxis angewendet werden.

Rezepte aus diesem Band, die sich für eine passende Praxisstunde anbieten:

Ampel-Smoothie (S. 19), Himbeer-Joghurt-Smoothie (S. 19), Mie-Nudel-Salat (S. 41), Hummus und Thunfischdip (S. 55, 56), Erdbeereis (S. 23), Guacamole (S. 56), Gurkenkaltschale (S. 34)

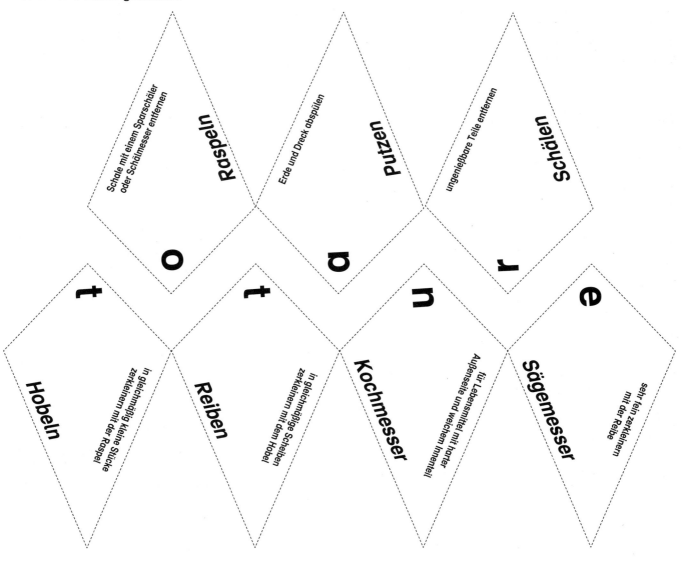

Welches Messer verwende ich wofür?

| Name: _____ | Datum: _____ |

Fülle die Lücken!

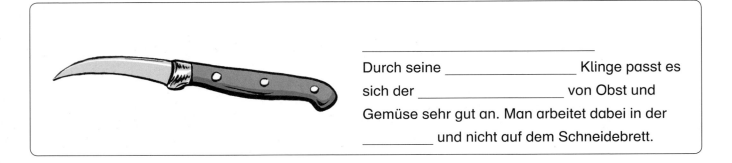

_____

Durch seine _____ Klinge passt es
sich der _____ von Obst und
Gemüse sehr gut an. Man arbeitet dabei in der
_____ und nicht auf dem Schneidebrett.

_____

Der Umgang erfordert etwas _____. Die
_____ Klinge schneidet die Schale
von harten Lebensmitteln, wie z. B. Kartoffeln oder
Äpfeln, dünn und _____ ab.

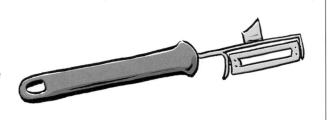

_____

Die kurze und gerade _____ eignet sich
sehr gut, um damit auf dem _____ zu schneiden. Die handliche Größe kommt bei großen
Lebensmitteln an ihre _____.

_____

Eine lange, _____ Klinge mit ausbalanciertem _____ macht dieses
Messer zum Allroundtalent. Verschiedene
_____ wie Hebeln und Hacken
sind mit diesem Messer möglich.

_____

Bei einigen Lebensmitteln eignen sich _____ Klingen
nicht, egal wie scharf sie sind. Wenn eine harte Außenseite
auf einen weichen Kern trifft, wie z. B. bei _____
und _____, braucht man Messer, die beim Schneiden
nicht abrutschen und ohne _____, nur durch _____
_____, durch die Außenseite dringen.

Denise Reinholdt: Küchenpraxis: 38 schultaugliche Rezepte für die kalte Küche
© Persen Verlag

Textbausteine: Welches Messer verwende ich wofür?

gleichmäßig | Grenzen | Brett | Gewicht | Gemüsemesser | ebene

Druck | Übung | Klinge | Tomaten | Kochmesser | Sparschäler

Sägebewegungen | Klinge | innen | Brot | Schälmesser

bewegliche | Schneidetechniken | Oberfläche | Sägemesser | Hand

Textbausteine: Welches Messer verwende ich wofür?

gleichmäßig | Grenzen | Brett | Gewicht | Gemüsemesser | ebene

Druck | Übung | Klinge | Tomaten | Kochmesser | Sparschäler

Sägebewegungen | Klinge | innen | Brot | Schälmesser

bewegliche | Schneidetechniken | Oberfläche | Sägemesser | Hand

Textbausteine: Welches Messer verwende ich wofür?

gleichmäßig | Grenzen | Brett | Gewicht | Gemüsemesser | ebene

Druck | Übung | Klinge | Tomaten | Kochmesser | Sparschäler

Sägebewegungen | Klinge | innen | Brot | Schälmesser

bewegliche | Schneidetechniken | Oberfläche | Sägemesser | Hand

Textbausteine: Welches Messer verwende ich wofür?

gleichmäßig | Grenzen | Brett | Gewicht | Gemüsemesser | ebene

Druck | Übung | Klinge | Tomaten | Kochmesser | Sparschäler

Sägebewegungen | Klinge | innen | Brot | Schälmesser

bewegliche | Schneidetechniken | Oberfläche | Sägemesser | Hand

Name:	Datum:

Reiben, raspeln, hobeln

Kaum ein Helfer in der Küche ist so praktisch wie dieser. Untersuche, was du damit machen kannst.
Du benötigst dafür eine Gurke und eine Hobel-Raspel-Reibe.

Der Hobel

Hobele zehn Scheiben Gurke und kreuze an:
- ☐ Die Scheiben sind gleichmäßig breit.
- ☐ Die Scheiben haben eine unterschiedliche Breite.
- ☐ Man kann nur von unten nach oben hobeln.
- ☐ Man kann nur von oben nach unten hobeln.

Schneide zehn Scheiben Gurke mit dem Messer herunter.
Kreuze an:
- ☐ Die Scheiben sind gleichmäßig breit.
- ☐ Die Scheiben haben eine unterschiedliche Breite.
- ☐ Man ist schneller mit dem Hobel.
- ☐ Man ist mit dem Messer schneller.

Raspel

Hobel

Raspeln oder Reiben?

Betrachte Raspel und Reibe. Wie unterscheiden sie sich wohl?
Probiere es aus!

Fahre mit der Gurke ein paar Mal über die Raspel.
Wie wurde die Gurke zerkleinert?

_____

Teste nun die Reibe und fahre mit der Gurke ein paar Mal darüber.
Wie sieht das Ergebnis aus?

_____

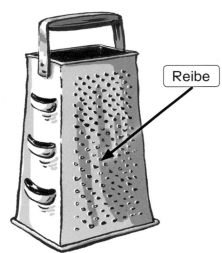

Reibe

Findest du heraus, was richtig ist!

- ☐ Die Reibe eignet sich hervorragend, um Möhren für einen Möhrensalat in gleichmäßige Stückchen zu zerkleinern.
- ☐ Die Reibe eignet sich hervorragend, um Kartoffeln für Kartoffelklöße zu einem feinen Brei zu zerkleinern.
- ☐ Möchte ich kleine Apfelstücke in meinem Müsli haben, verwende ich idealerweise die Raspel.
- ☐ In meinem Möhrenkuchen soll Brei von rohen Möhren. Dafür eignet sich die Raspel besonders gut.

Name:	Datum:

Puzzlestern: Obst und Gemüse vorbereiten

Setze die Puzzleteile richtig zusammen. Klebe nichts fest, bevor du dir nicht sicher bist, dass die Reihenfolge stimmt! Wenn alle Teile richtig liegen, dann erhältst du als Lösungswort ein sehr gesundes, orangefarbenes Gemüse!

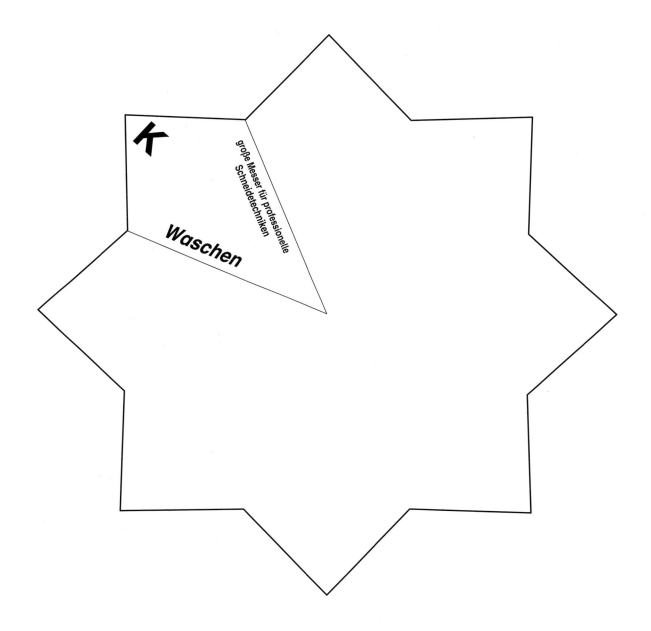

Name: _____ Datum: _____

Das Handrührgerät

Nimm das Handrührgerät in deiner Schulküche zur Hand und untersuche es genau!

- Wie viele Knöpfe findest du und wo befinden sie sich?
- Welche Funktionen haben die Knöpfe? Gibt es einen Stufenschalter? Gibt es eine Auswurftaste? Ergänze die Funktionen in der Abbildung.
- Gibt es neben der Einstecköffnung für die Rührstäbe und Knethaken noch weitere Öffnungen? Wenn ja, wo?
- Sieh dir die Einstecköffnung genau an. Bei einigen Handrührgeräten ist es sehr wichtig, dass die Rührstäbe/Knethaken richtig in das Handrührgerät eingesetzt werden. Dies erkennst du daran, dass die Einstecköffnung und die Zubehörteile markiert sind bzw. nicht beide Teile in beide Steck-öffnung passen. Wenn sie falsch eingesetzt werden, kann das Handrührgerät beschädigt werden.

Zeichne die Merkmale des untersuchten Gerätes in diesen Grundriss eines Handrührgerätes ein. Du kannst auch den Hersteller mit aufschreiben und es in derselben Farbe anmalen.

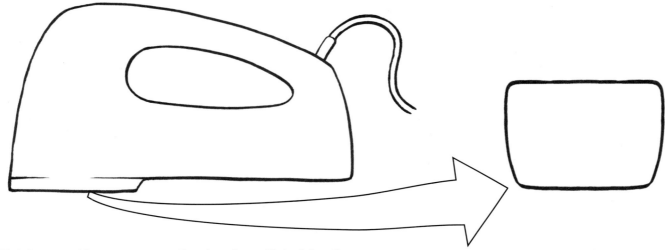

Zeichne und benenne nun die einzelnen Zubehörteile.

Welches Messer verwende ich wofür?

Das Schälmesser
Durch seine **gebogene** Klinge passt es sich der **Oberfläche** von Obst und Gemüse sehr gut an. Man arbeitet dabei in der **Hand** und nicht auf dem Schneidebrett.

Der Sparschäler
Der Umgang erfordert etwas **Übung**. Die **bewegliche** Klinge schneidet die Schale von harten Lebensmitteln, wie z. B. Kartoffeln oder Äpfeln, dünn und **gleichmäßig** ab.

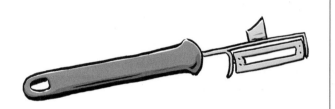

Das Gemüsemesser
Die kurze und gerade **Klinge** eignet sich sehr gut, um damit auf dem **Brett** zu schneiden. Die handliche Größe kommt bei großen Lebensmitteln an ihre **Grenzen**.

Das Kochmesser
Eine lange, **scharfe** Klinge mit ausbalanciertem **Gewicht** macht dieses Messer zum Allroundtalent. Verschiedene **Tätigkeiten** wie Hebeln und Hacken sind mit diesem Messer möglich.

Das Sägemesser
Bei einigen Lebensmitteln eignen sich **ebene** Klingen nicht, egal wie scharf sie sind. Wenn eine harte Außenseite auf einen weichen Kern trifft, wie z. B. bei **Tomaten** und **Brot**, braucht man Messer, die beim Schneiden nicht abrutschen und ohne **Druck**, nur durch **Sägebewegungen**, durch die Außenseite dringen.

Reiben, raspeln, hobeln

Der Hobel

Hobele zehn Scheiben Gurke und kreuze an:

☒ Die Scheiben sind gleichmäßig breit.

☐ Die Scheiben haben eine unterschiedliche Breite.

☐ Man kann nur von unten nach oben hobeln.

☒ Man kann nur von oben nach unten hobeln.

Schneide zehn Scheiben Gurke mit dem Messer herunter. Kreuze an:

☐ Die Scheiben sind gleichmäßig breit.

☒ Die Scheiben haben eine unterschiedliche Breite.

☒ Man ist schneller mit dem Hobel.

☐ Man ist mit dem Messer schneller.

Raspeln oder reiben?

Wie wurde die Gurke zerkleinert?

Längliche Stücke/Streifen mit einheitlicher Breite

Wie sieht das Ergebnis aus?

Breiige, grüne Masse mit viel freier Flüssigkeit

☐ Die Reibe eignet sich hervorragend, um Möhren für einen Möhrensalat in gleichmäßige Stückchen zu zerkleinern.

☒ Die Reibe eignet sich hervorragend, um Kartoffeln für Kartoffelklöße zu einem feinen Brei zu zerkleinern.

☒ Möchte ich kleine Apfelstücke in meinem Müsli haben, verwende ich idealerweise die Raspel.

☐ In meinem Möhrenkuchen soll Brei von rohen Möhren. Dafür eignet sich die Raspel besonders gut.

Denise Reinholdt: Küchenpraxis: 38 schultaugliche Rezepte für die kalte Küche
© Persen Verlag

Obst und Gemüse vorbereiten

Lösungswort: Karotten

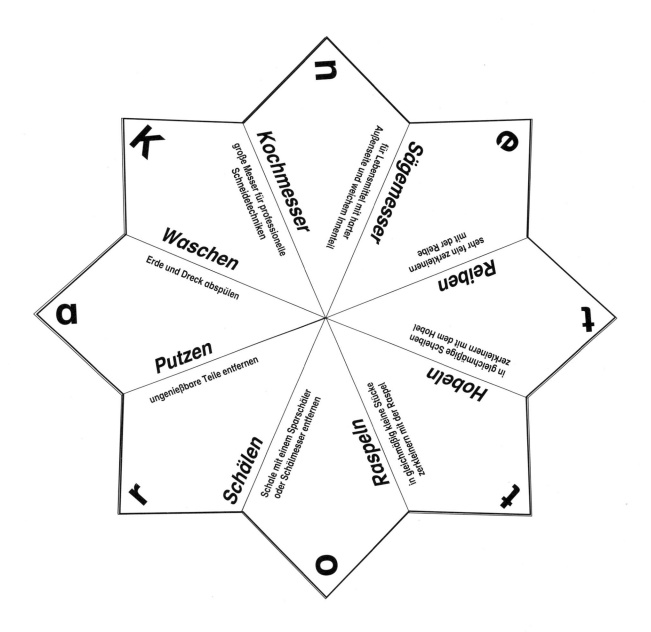

Das Handrührgerät

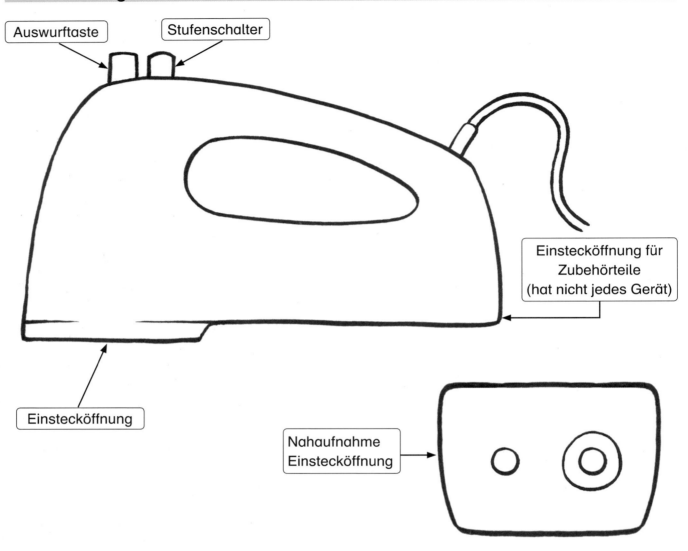

Auswurftaste

Stufenschalter

Einsteeköffnung für Zubehörteile (hat nicht jedes Gerät)

Einsteeköffnung

Nahaufnahme Einsteeköffnung

Zeichne und benenne nun die Zubehörteile.

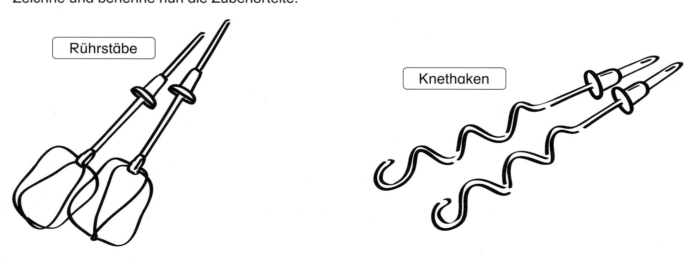

Rührstäbe

Knethaken

Denise Reinholdt: Küchenpraxis: 38 schultaugliche Rezepte für die kalte Küche
© Persen Verlag

Rezepte
mit Unterrichtshinweisen

Erläuterungen zum Rezeptteil

Sie finden in den Unterrichtshinweisen zu den Rezepten zwei Symbole, die Auskunft über Dauer und Kosten eines Rezepts geben sollen:

Zeitangaben

⏱ Blitzrezept (15–30 Minuten)

⏱⏱ 1 Stunde (45–60 Minuten)

⏱⏱⏱ Doppelstunde (90 Minuten)

Diese Zeitangaben gelten für Zubereitung und Garzeit bei geübten Schülern, die die Abläufe in der Schulküche beherrschen.

Preisangaben

€ bis 50 Cent

€ € bis 1 €

€ € € bis 1,50 €

Diese Kosten gelten pro Person in einer Vierergruppe. Spezielle Lebensmittel für Allergiker und die in den Unterrichtshinweisen vorgeschlagenen Variationen/Beilagen sind nicht in der Kalkulation enthalten.

Ernährungsinfos

Hier finden Sie Hinweise auf Zutaten, die für Allergiker bedenklich sein könnten. Ich habe dabei jedoch nur folgende Nahrungsmittelallergien gekennzeichnet, da sie mir im Alltag mit Schülern am häufigsten begegnet sind:

● Milchprodukte bzw. Laktoseintoleranz
● Gluten (Zöliakie)
● Erdnüsse/Nüsse allgemein

Darüber hinaus gibt es eine große Anzahl weiterer Allergien und Nahrungsmittelunverträglichkeiten (z. B. Äpfel, Gewürze …). Mein Tipp: Da ich kein Risiko eingehen möchte, frage ich immer am Anfang des Schuljahres in einem Elternbrief ab, ob Nahrungsmittelallergien bestehen. Diese werden dann bei der Auswahl der Rezepte beachtet.

Neben dem Thema Allergien sollte man beachten, dass Schüler teilweise aus religiösen und/oder ethischen Gründen auf Fleisch bzw. Schweinefleisch verzichten. Durch gute Absprache und Planung ist es möglich, den Einkauf so zu erledigen, dass auch diese kleinen Einschränkungen problemlos gemeistert werden können.

Das Rezept im Unterricht

An dieser Stelle finden Sie Vorschläge zur Einordnung in unterrichtliche Lehrplanthemen. Manche Rezepte bieten sich dabei besonders gut für diese Themen an oder sind bereits in den vorangegangenen Unterrichtsvorschlägen zu dem Themenfeld eingearbeitet. Sie finden hier beispielsweise Informationen, was bei der Zubereitung besonders zu beachten ist, und teilweise auch Unterrichtsideen, mit denen man das Rezept im Unterrichtsgespräch noch weiter aufarbeiten kann.

Einkaufsliste

An dieser Stelle finden Sie eine Einkaufsliste für die Zubereitung für vier Gruppen à jeweils vier Personen, also 16 Portionen. Diese Einkaufslisten sind die Grundlage der Berechnung für die Preiskennzeichnung. Die Einkaufsliste enthält nur die Lebensmittel, die in der Zutatenliste genannt werden. Darüber hinausgehende Tipps oder Beilagen sind in der Auflistung meist nicht enthalten und müssen nach Wunsch ergänzt werden.

Verwendete Maßeinheiten

g	= Gramm
kg	= Kilogramm
ml	= Milliliter
l	= Liter
Pr.	= Prise
Msp.	= Messerspitze
EL	= Esslöffel
TL	= Teelöffel
geh.	= gehäuft
gestr.	= gestrichen

Unterrichtshinweise und Material zu den Abkürzungen in Rezepten finden sie im Band „42 schultaugliche Kochrezepte" auf den Seiten 10–11 unter „Maßeinheiten kurz und knapp".

Denise Reinholdt: Küchenpraxis: 38 schultaugliche Rezepte für die kalte Küche
© Persen Verlag

Zeitangabe

Kosten

Ernährungsinfos

Allergierisiken: Nüsse

Wieso Nüsse, fragen Sie sich jetzt vielleicht? Erdbeeren haben auf ihrer Oberfläche kleine Nüsse. Und genau darauf reagieren einige Nussallergiker. In einigen Fällen hilft es, die Erdbeeren zu schälen, doch bei sehr starken Allergien muss jeglicher Kontakt zu Spuren von Nüssen vermieden werden. Fragen Sie den Allergiker unbedingt, wie er auf Erdbeeren reagiert.

Das Rezept im Unterricht

Passende unterrichtliche Themen:
- Vitamine
- Fast Food
- Saisonale Früchte
- Modern Food

Smoothies sind im Trend. Man bekommt Smoothies frisch zubereitet in Smoothie-Bars und dort finden sie reißenden Absatz. Auch in Supermärkten findet sich mittlerweile ein riesiges Angebot – doch sie sind auch alles andere als billig.

Grundsätzlich sind Smoothies vom Gesundheitswert gegenüber Säften zu bevorzugen, da sie auch Feststoffe enthalten, somit durch die Ballaststoffe einen gewissen Sättigungswert haben und die Darmaktivität fördern. Dennoch sollten Smoothies, genau wie Säfte, nur eine Portion der von der Deutschen Gesellschaft für Ernährung empfohlenen täglichen fünf Portionen Obst und Gemüse ausmachen.

Alternative Zubereitung

Grundsätzlich kann man Smoothies jederzeit selber machen. Diese Rezepte sollen eine Orientierung und Einstiegshilfe bieten. Vielleicht werden die Schüler selbst kreativ und mixen sich neue Smoothies. Dabei kann auch gern mal ein Stück Möhre oder Gurke mit in den Smoothie wandern, es muss nicht immer ausschließlich süßes Obst sein. Wichtig ist zu beachten, dass bei der Verwendung von festen Zutaten wie Apfel und Möhre eventuell mehr Saft eingesetzt werden muss und die Mixdauer erhöht werden muss, bis alles fein genug zerkleinert ist.

Einkaufsliste für 4 Gruppen

Ampel-Smoothie
- ☐ 4 Kiwis
- ☐ 2 Mangos
- ☐ 400 g Erdbeeren
- ☐ 1 l Orangensaft
- ☐ Eiswürfel

Himbeer-Joghurt-Smoothie
- ☐ 1 200 g Joghurt
- ☐ 1,4 kg TK-Himbeeren
- ☐ 1,6 l Orangensaft
- ☐ 1,2 kg Erdbeeren
- ☐ 4 Beutel Vanillezucker

Ampel-Smoothie

4 Portionen	Zutaten	Arbeitsschritte	Geräte
1 3 EL 2	Kiwi Orangensaft Eiswürfel	● Kiwi schälen, die Zutaten in einen Standmixer geben und in mehreren Intervallen zerkleinern. ● Auf vier Gläser aufteilen.	Schälmesser Standmixer 4 Gläser
½ 3 EL 2	Mango Orangensaft Eiswürfel	● Mango schälen, alle Zutaten zusammen in einen Standmixer geben und in mehreren Intervallen zerkleinern. ● Vorsichtig auf der grünen Schicht verteilen.	Schälmesser Standmixer
100 g 3 EL 2	Erdbeeren Orangensaft Eiswürfel	● Erdbeeren waschen und putzen, alle Zutaten zusammen in einen Standmixer geben und in mehreren Intervallen zerkleinern. ● Vorsichtig auf der gelben Schicht verteilen. ● Smoothie mit Strohhalmen servieren.	Schälmesser Standmixer Strohhalme

Himbeer-Joghurt-Smoothie

4 Portionen	Zutaten	Arbeitsschritte	Geräte
350 g 400 ml	TK-Himbeeren Orangensaft	● Himbeeren und Orangensaft in einen Standmixer geben und in mehreren Intervallen zerkleinern.	Messbecher Standmixer
300 g 1 Beutel	Joghurt Vanillezucker	● Joghurt und Vanillezucker zur Himbeermasse in den Standmixer geben und erneut kräftig durchmixen. ● Auf vier Gläser aufteilen und mit Strohhalm servieren.	Waage Standmixer 4 Gläser und Strohhalme

Denise Reinholdt: Küchenpraxis: 38 schultaugliche Rezepte für die kalte Küche
© Persen Verlag

Zeitangabe 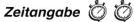   *Kosten*

Ernährungsinfos

Allergierisiken: Milchprodukte

Wer auf Milchprodukte verzichten muss, kann stattdessen z. B. Soja-Schlagcreme verwenden und damit eine fluffige Zimtsahne zubereiten.

Das Rezept im Unterricht

Passende unterrichtliche Themen:
- Menü
- Das Handrührgerät
- Kochen aus der Vorratskammer
- Vorbereitungsarbeiten (Ananas vorbereiten)

Wenn man Kochen aus der Vorratskammer als Thema wählt, kann man auf Dosenananas und H-Schlagsahne (Zimtsahne statt Zimtmousse) zurückgreifen und den Schülern zeigen, dass man auch manchmal aus den Zutaten in der Vorratskammer etwas völlig Unerwartetes zaubern kann. Bei der Verarbeitung von H-Schlagsahne ist dabei wichtig, dass sie vor dem Aufschlagen gut gekühlt sein muss und vor dem Öffnen noch mal in der Packung geschüttelt wird, damit sich das Milchfett gleichmäßig verteilt. H-Sahne mit Zimmertemperatur würde beim Schlagen mit hoher Wahrscheinlichkeit Butter statt Sahne ergeben.

Wenn frische Ananas verwendet wird, muss diese sehr süß und reif sein und darf nur dünn aufgeschnitten werden.

Das Orangengelee im Rezept kann in einer der vorhergehenden Unterrichtsstunden ganz schnell und einfach mit den Schülern zubereitet werden: Thematisieren Sie dabei den Begriff Saft – es muss 100 % Saft verwendet werden. Der Unterschied zwischen z. B. Fruchtsaftgetränk und Nektar liegt im Fruchtanteil. Nektar hat einen Fruchtanteil von 25–50 %. Fruchtsaftgetränke haben sogar nur 6–30 % Fruchtanteil.

> **Orangengelee:**
> 800 ml Orangensaft, 500 g Gelierzucker 2 : 1, ½ TL Zimt
> Aus den genannten Zutaten nach Packungsanweisung ein Gelee kochen, bis kurz unter den Rand in Schraubdeckelgläser abfüllen und diese anschließend fest zuschrauben. 5 min auf den Deckel stellen, dann wieder umdrehen und abkühlen lassen.

Alternative Zubereitung

Ein paar Blättchen Minze oder Zitronenmelisse passen hervorragend und geben einen geschmacklich schönen Akzent.

Wer kein Orangengelee kochen möchte und die Orangenmarmeladen aus dem Handel nicht mag, kann auch sehr gut auf Aprikosenmarmelade zurückgreifen.

Einkaufsliste für 4 Gruppen

- ☐ 200 g Kokosraspel
- ☐ 2 Dosen Ananasringe
  oder 2 frische, vollreife Ananas
- ☐ 1 Glas Orangengelee

- ☐ 400 g Schlagsahne
- ☐ 800 g Magerquark
- ☐ 150 g Zucker
- ☐ Zimt

Ananas-Kokos-Ringe mit Zimtquark

4 Portionen	Zutaten	Arbeitsschritte	Geräte
4 EL 2 EL	Kokosraspel Orangengelee	● Kokosraspel in einer Pfanne ohne Fett goldbraun rösten, auf einen Teller geben. ● Orangengelee in der Pfanne kurz erhitzen, bis sie flüssig wird.	Pfanne EL Teller
4	Ananasringe	● Die Ananasscheiben abtropfen lassen. Erst in der geschmolzenen Marmelade und dann in den Kokosraspeln wenden. ● Auf einem kleinen Teller anrichten.	Brett großes Kochmesser Gemüsemesser Gabel 4 Anrichteteller
100 g 200 g 2 EL 1 TL	Schlagsahne Magerquark Zucker Zimt	● Sahne steif schlagen. ● Den Quark mit Zimt und Zucker verrühren. ● Die Sahne unter den Quark heben. ● Die Zimtmousse mittig auf den Löchern der Ananas anrichten.	Rührbecher Rührschüssel Waage EL TL Teigschaber Handrührgerät mit Rührstäben

Wenn frische, vollreife Ananas verwendet werden, muss man zuerst den harten Strunk entfernen und die Ananas anschließend schön dünn aufschneiden.

Denise Reinholdt: Küchenpraxis: 38 schultaugliche Rezepte für die kalte Küche
© Persen Verlag

Zeitangabe

Kosten

Ernährungsinfos

Allergierisiken: Gluten, Milchprodukte

Birne Helene ist glutenfrei. Vanilleeis, Sahne und Schokolade sind auch laktosefrei im Handel zu bekommen.

Die Windbeutel in den Profiteroles sind weizenhaltig und mir sind keine glutenfreien Produkte bekannt. Daher müsste der Pudding für einen Allergiker ohne eingelegte Windbeutel serviert werden.

Das Rezept im Unterricht

Passende unterrichtliche Themen:

- Das Kochfeld
- Blitzrezepte
- Veredelung von Convenienceprodukten
- Kaffeetafel
- Traditionelle Desserts

Diese Rezepte sind sehr einfach und schnell zuzubereiten und bieten sich besonders für Küchenanfänger an. Auch in einer Stunde, in der man nur sehr wenig Zeit für die Praxis hat, z. B. wenn eine Arbeit geschrieben wird, bieten sich diese Rezepte an.

Bei allen Rezepten ist die Spalte mit den Geräten freigelassen, damit die Schüler sich selbst Gedanken machen, was wohl benötigt wird.

Alternative Zubereitung

Die Torte kann auch mit Schokoladenpudding zum Kaltanrühren und mit Kirschen zubereitet werden.

Für die Eiscreme eignen sich auch Beerenmischungen. Dann sind allerdings viele Kerne im Eis. Gefrorene exotische Früchte wären ebenfalls einen Versuch wert.

Bei dem Obst aus der TK-Abteilung unbedingt darauf achten, ob es gesüßt oder ungesüßt ist. Bei beispielsweise bereits gesüßtem TK-Beerencocktail muss der Zuckeranteil für das Eis deutlich verringert werden! Man kann auch etwas Quark zum Eis geben, dadurch bekommt es eine festere Konsistenz. Allerdings benötigt man dann sehr kräftige Küchengeräte, um ein geschmeidiges Eis hinzubekommen.

Einkaufsliste für 4 Gruppen

Birne Helene:

- ☐ 200 g Schlagsahne
- ☐ 200 g Zartbitterschokolade
- ☐ 2 Dosen Birnenhälften
- ☐ 100 ml Vanilleeis

Profiteroles:

- ☐ 2 Packungen TK-Miniwindbeutel
- ☐ 4 Beutel Puddingpulver
- ☐ 1 600 ml Milch
- ☐ 200 g Zartbitterschokolade
- ☐ 200 g Zucker

Erdbeereis

- ☐ 1 200 g TK-Erdbeeren
- ☐ 300 g Zucker
- ☐ 400 g Schlagsahne

Ruckzuck-Mandarinentorte

- ☐ 8 Becher Schlagsahne
- ☐ 8 Tütchen Sahnesteif
- ☐ 8 Beutel helles Puddingpulver zum Anrühren mit kalter Milch
- ☐ 8 Dosen Mandarinen
- ☐ 4 Biskuittortenböden

Name: _____   Datum: _____

Birne Helene

4 Personen	Zutaten	Arbeitsschritte	Geräte
50 g 50 g	Schlagsahne Zartbitterschokolade	● Schlagsahne kurz in einem Topf erhitzen, dann vom Herd ziehen. ● Die Schokolade in Stückchen brechen, mit einem Schneebesen in die heiße Sahne einrühren und dort schmelzen lassen.	
½ Dose 4 Kugeln	Birnen Vanilleeis	● Birnenhälften in Spalten schneiden. ● Auf jeden Teller mittig eine Kugel Vanilleeis geben. ● Die Birnenspalten darumdrapieren. ● Mit der Schokosauce übergießen.	

Profiterolen

4 Personen	Zutaten	Arbeitsschritte	Geräte
½ Packung	TK-Miniwindbeutel	● Miniwindbeutel auf vier Dessertschalen verteilen und auftauen lassen.	
1 Packung 400 ml 3 EL	Puddingpulver (Schokolade) Milch Zucker	● Puddingpulver in einer kleinen Schüssel mit dem Zucker und 5 EL Milch anrühren. ● Restliche Milch zum Kochen bringen. ● Kochende Milch von der Platte ziehen, das angerührte Puddingpulver mit einem Schneebesen einrühren. ● Erneut unter ständigem Rühren kurz aufkochen lassen.	
50 g	Zartbitterschokolade	● Schokolade in Stücke brechen, in den heißen Pudding einrühren und schmelzen lassen. ● Den Pudding über den Windbeuteln verteilen und servieren, wenn der Pudding komplett ausgekühlt ist.	

Denise Reinholdt: Küchenpraxis: 38 schultaugliche Rezepte für die kalte Küche
© Persen Verlag

Erdbeereis

4 Personen	Zutaten	Arbeitsschritte	Geräte
300 g 75 g	TK-Erdbeeren Zucker	● Erdbeeren und Zucker in einen Universalzerkleinerer geben und auf höchster Stufe zerkleinern.	
100 g	Schlagsahne	● Sahne mit zur Erdbeermasse geben und den Universalzerkleinerer laufen lassen, bis ein geschmeidiges Eis entstanden ist. ● Auf vier Dessertschälchen aufteilen.	

Schmeckt auch mit Himbeeren

Ruckzuck-Mandarinentorte

4 Personen	Zutaten	Arbeitsschritte	Geräte
2 Becher 2 Tütchen 2 Beutel 2 Dosen	Schlagsahne Sahnesteif Puddingpulver (zum Anrühren mit kalter Milch) Mandarinenstücke	● Alle Zutaten in eine Rührschüssel geben. Die Mandarinenstücke mit dem Saft aus der Dose zugeben. ● Mit dem Handrührgerät mit Rührstäben kräftig schlagen, bis eine einheitliche Mandarinencreme entstanden ist.	
1	Biskuittortenboden	● Die Mandarinencreme auf dem Tortenboden verstreichen und bis zum Servieren in den Kühlschrank stellen.	

Richtet eure Torte schön an! Zum Beispiel kann man ein paar Mandarinen zur Dekoration beiseitelegen und die Torte damit verzieren. Oder man bestreut den Rand rundherum mit Schokoladenraspel. Ein paar Schokoraspel können auch vorsichtig unter die Masse gehoben werden.

Denise Reinholdt: Küchenpraxis: 38 schultaugliche Rezepte für die kalte Küche
© Persen Verlag

Zeitangabe

Kosten € € €

Ernährungsinfos

Allergierisiken: Gluten, Milchprodukte

Weizenkörner enthalten natürlich Gluten, da Gluten nichts anderes als Weizenkleber ist. Wenn man den Salat glutenfrei zubereiten möchte, dann kann man ganz einfach auf gekochten Reis zurückgreifen.

Es gibt mehrere Produkte im Handel, die mit Feta vergleichbar sind. Je nach Hersteller und Zutatenliste steht auf den Verpackungen „Feta", „weißer Käse", „Schafskäse" oder auch „Hirtenkäse". Bei einigen Herstellern werden laktosefreie Varianten angeboten.

Das Rezept im Unterricht

Passende unterrichtliche Themen:

- Vitamine
- Alternative Ernährungsformen (Vollwerternährung / Vegetarische Ernährung)
- Salate für Büfetts und Feste
- Das Weizenkorn
- Der Dampfkochtopf (Weizenkörner)

Unterrichtsmaterial zur Arbeit mit dem Dampfdrucktopf finden Sie in „Küchenpraxis: 42 schultaugliche Kochrezepte" (Bestellnr. 23445).

Alternative Zubereitung

Die Zubereitungszeit richtet sich ganz nach der Zubereitung der Weizenkörner. Wenn Sie den Schülern vorgegarte Weizenkörner mitbringen, dann ist der Salat sehr flott zubereitet. Wenn der Weizen erst gegart werden soll, dann arbeitet man am schnellsten, indem man vorgegarten Zartweizen (im Supermarkt beim Reis) verwendet. Dieser geschliffene Weizen wird auch in Kochbeuteln à 125 g angeboten. Wenn man das Weizenkorn im Unterricht thematisiert, oder das Thema Vollwerternährung behandelt, dann sollten volle Weizenkörner verwendet werden. Diese garen deutlich schneller, wenn man sie nach der Quellzeit in einem Dampfkochtopf zubereitet. Dabei gilt die Faustregel − $\frac{1}{3}$ der normalen Kochzeit, ab dem Moment, wo der Druckanzeigestift auf Position ist.

Einkaufsliste für 4 Gruppen

- ☐ 4 Zitronen
- ☐ 2 Salatgurken
- ☐ 8 Tomaten
- ☐ 4 rote Zwiebeln
- ☐ 4 Paprikaschoten
- ☐ 500 g Weizen
- ☐ 800 g Feta
- ☐ Öl
- ☐ Zucker, Salz, Pfeffer, Kräuter

Denise Reinholdt: Küchenpraxis: 38 schultaugliche Rezepte für die kalte Küche
© Persen Verlag

Bunter Salat mit Feta und Weizenkörnern

4 Personen	Zutaten	Arbeitsschritte	Geräte
125 g	Weizen	• Weizen garen und durch ein Sieb abgießen. Mit kaltem Wasser abspülen, damit der Weizen nicht zu heiß ist, wenn er weiterverarbeitet werden soll.	Topf Sieb Waage Brett Messer Abfallschale
½ 4 EL Prise Prise etwas	Zitrone Speiseöl Salz Pfeffer Zucker Kräuter	• Zitrone auspressen. • Zutaten in einer geeigneten großen Schüssel zu einer Marinade verrühren.	Zitronenpresse Schüssel Esslöffel Teelöffel Schneebesen
½ 2 1 1 200 g	Salatgurke Tomaten kleine rote Zwiebel Paprikaschote Feta	• Weizen unter die Marinade heben. • Gemüse putzen und in kleine Würfel schneiden. In die Marinade geben und unterheben. • Feta ebenfalls klein würfeln und unterheben. • Der Salat darf ruhig etwas ziehen, kann aber auch sofort angerichtet werden.	Schneidebrett Kochmesser kleines Messer Salatbesteck Anrichtegeschirr und -besteck

Weizen garen:

Weizen über Nacht in 600 ml Wasser einweichen.

Am nächsten Tag im Einweichwasser aufkochen, etwa 40 Minuten kochen und anschließend 20 Minuten ohne Hitze quellen lassen.

25 g roher Weizen = 65 g gegarter Weizen

Wenn es schnell gehen soll, kann man auch vorgegarten Weizen nehmen. Diesen gart man dann nach Packungsanweisung. Die Einweichzeit entfällt.

Zeitangabe   **Kosten**

Ernährungsinfos

Allergierisiken: Gluten

Als Alternative kann glutenfreies Brot verwendet werden.

Wichtig ist der Hinweis für Schüler, dass diese Sandwiches nicht lange ungekühlt gelagert werden dürfen und schnell verzehrt werden sollten. Im Rezept wird Mayonnaise verwendet und diese gilt als anfällig für Salmonellen.

Das Rezept im Unterricht

Passende unterrichtliche Themen:

- Eier
- Fast Food
- Frühstück/Pausenbrot

Dieses Rezept bietet sich zur Bearbeitung im Anschluss an eine Stunde zum Thema Eier sehr gut an. Es kann die Methode des Eieraufsetzens in kaltem Wasser ausprobiert werden. Dazu die Eier in kaltes Wasser legen und auf höchster Stufe zum Kochen bringen. Wenn das Wasser kocht, auf mittlere Stufe zurückstellen und die Eier für 5 Minuten kochen lassen.

Dazu kann folgende Denkaufgabe gelöst werden:

> **Warum muss das Ei nicht angestochen werden und platzt dennoch nicht?**
>
> **Warum müssen Eier, die in kochendes Wasser gelegt werden, vorher angestochen werden?**
>
> Die Antwort liegt in dem Aufbau des Eies. Zwischen der Eihaut und der Kalkschale liegt eine Luftblase. Diese Luftblase dehnt sich in kochendem Wasser schlagartig aus und lässt die Kalkschale platzen. Deshalb sticht man Eier an der abgeflachten Unterseite an, damit die Luft entweichen kann. Wenn man Eier in kaltem Wasser aufsetzt, dann kann sich die Luft langsam ausdehnen und durch die kleinen Poren in der Kalkschale entweichen. Es entsteht nicht schlagartig ein großer Druck und das Ei bleibt unversehrt. Einen ähnlichen Effekt erzielt man, wenn man Eier nicht kühlschrankkalt, sondern zimmerwarm in kochendes Wasser legt. Der große Temperaturschock wird so vermieden.

Alternative Zubereitung

Vorgegarte Eier untersuchen und für das Sandwich verwenden.

Im Supermarkt findet man hart gekochte, gefärbte Eier. Bei der Untersuchung können die Schüler feststellen, dass diese Eier nicht angestochen wurden.

Mögliche Frage: Welche Garart für Eier liegt daher nahe?

✂

Einkaufsliste für 4 Gruppen

- [ ] 16 Eier
- [ ] 3 Pakete Vollkorn-Sandwichtoast-scheiben
- [ ] 1 Kopf Eisbergsalat
- [ ] 8 Tomaten
- [ ] 2 × 500 ml Mayonnaise
- [ ] 16 Scheiben Puten- oder Hähnchenbrustaufschnitt
- [ ] 16 Scheiben Schinken
- [ ] 1 Tube mittelscharfer Senf

Denise Reinholdt: Küchenpraxis: 38 schultaugliche Rezepte für die kalte Küche
© Persen Verlag

Club-Sandwich

4 Portionen	Zutaten	Arbeitsschritte	Geräte
4	hart gekochte Eier	● Eier schälen und in Scheiben schneiden.	Brett Messer
2 ¼ Kopf 12 Scheiben	Tomaten Eisbergsalat Vollkorn-Sandwich-toast	● Tomaten waschen und in Scheiben schneiden. ● Eisbergsalat waschen, trocken tupfen, in Streifen schneiden. ● Brotscheiben toasten.	Brett Messer Toaster
4 EL 4 große Scheiben	Mayonnaise Puten- oder Hähnchenbrust-Aufschnitt	● Vier Scheiben Toast mit Mayonnaise bestreichen. ● Mit Salatstreifen belegen. ● Mit dem Puten- oder Hähnchenbrustaufschnitt belegen. ● Tomatenscheiben darauf verteilen.	Brett Tafelmesser EL
4 TL 4 Scheiben 4 EL	Senf roher Schinken Mayonnaise	● Vier Scheiben Toast mit Senf bestreichen. Mit dem Senf nach oben auf die Tomatenscheiben legen. ● Ei auf dem Brot verteilen. ● Schinken auf das Ei legen. Wenn man den Schinken vorher würfelt, ist es leichter abzubeißen. ● Vier Scheiben Toast mit Mayonnaise bestreichen und mit der bestrichenen Seite nach unten auf das Sandwich legen. ● Das Sandwich gut zusammendrücken und zum Anrichten diagonal halbieren.	Brett TL EL Tafelmesser Anrichteteller

Denise Reinholdt: Küchenpraxis: 38 schultaugliche Rezepte für die kalte Küche
© Persen Verlag

Zeitangabe ⏱ ⏱  **Kosten** €€

Ernährungsinfos

Allergierisiken: Gluten

Das Gericht enthält Schweinefleisch.

Glutenfreie Nudeln zu bekommen, ist kein Problem.

Fleischwurst gibt es auch komplett aus Geflügelfleisch.

Für einen vegetarischen Nudelsalat kann man die Fleischwurst einfach weglassen oder sehr gut durch vegetarischen Aufschnitt ersetzen. Dieser ist mittlerweile in jedem Supermarkt zu bekommen und teilweise geschmacklich kaum von echter Fleischwurst zu unterscheiden.

Das Rezept im Unterricht

Passende unterrichtliche Themen:
- Salate für Grillfeste und kalte Büfetts
- Nudeln

Das Dressing mit Quark zuzubereiten, ist etwas ungewöhnlich. Man schmeckt den Quark heraus. Aber warum ist er drin? Das Dressing ist bei der Verwendung von Quark deutlich magerer, als wenn man nur Mayonnaise verwenden würde und bekommt zudem einen gewissen Stand. Der Quark ersetzt Fett durch hochwertiges Eiweiß und dadurch erhöht sich der Gesundheitswert dieses Nudelsalates.

Man kann auch Salatmayonnaise verwenden, dann wird das Dressing durch das untergemischte Gurkenwasser jedoch sehr flüssig.

Alternative Zubereitung

Im Hochsommer lieber gleich ganz ohne Mayonnaise? Dann ist dieses Rezept ein Tipp:

Nordischer Nudelsalat ganz ohne Mayonnaise:

250 g Spaghetti in Salzwasser al dente kochen.

In der Zwischenzeit: ½ Salatgurke in eine Schüssel raspeln. ½ Bund Schnittlauch in feine Röllchen schneiden. 1 Becher Schmand, ½ TL Salz und etwas Pfeffer zugeben und alles gut durchmischen.

Die gekochten Nudeln abgießen und sofort zu den anderen Zutaten in die Schüssel geben. Auskühlen lassen, abschmecken und servieren.

Wer mag, kann der Salatsauce noch etwas Senf oder Meerrettich hinzufügen.

✂ -

Einkaufsliste für 4 Gruppen

- ☐ 1 kg Nudeln (Gabelspaghetti)
- ☐ 800 g TK-Erbsen
- ☐ 800 g Fleischwurst
- ☐ 2 Gläser Cornichons
- ☐ 2 Dosen Mais

- ☐ 1 kg Mayonnaise
- ☐ 800 g Quark
- ☐ 2 Dosen Mais
- ☐ 1 Tube Senf
- ☐ Zucker, Salz, Pfeffer zum Würzen

Denise Reinholdt: Küchenpraxis: 38 schultaugliche Rezepte für die kalte Küche
© Persen Verlag

Dänischer Nudelsalat

4 Portionen	Zutaten	Arbeitsschritte	Geräte
250 g	Nudeln (Gabel-spaghetti)	● Nudeln in Salzwasser nach Packungsangabe garen. Erbsen gleichzeitig im Nudelwasser mitgaren.	Topf
200 g	TK-Erbsen	● Nach dem Garen mit kaltem Wasser abschrecken und auskühlen lassen.	Durchschlag
200 g	Fleischwurst	● Fleischwurst in feine Streifen schneiden.	Brett
6	Cornichons	● Cornichons in halbe Scheiben schneiden.	Messer
½ Dose	Mais	● Mais abtropfen lassen.	
250 g	Mayonnaise	● Alle Zutaten zu einer Salatsauce verrühren. Würzig abschmecken.	Schüssel
200 g	Quark	● Abgetropfte Nudeln, Erbsen, Mais, Fleischwurst und Cornichons unter-heben.	EL
5 EL	Gurkenwasser		Waage
2 TL	Senf	● Den Salat abschmecken und anrichten.	2 TL
1 TL	Zucker		Schneebesen
½ TL	Salz		Salatbesteck
	Pfeffer		

 In diesen Salat gehören je nach Hausrezept auch Spargelspitzen, hart gekochte Eier, Paprikawürfel, Möhrenstücke und sogar klein gewürfelte Äpfel. Der Mais gehört nicht in jede Variante, Erbsen und Gewürzgurken sind jedoch immer dabei.

Denise Reinholdt: Küchenpraxis: 38 schultaugliche Rezepte für die kalte Küche
© Persen Verlag

Zeitangabe

Kosten

Ernährungsinfos

Allergierisiken: Gluten, Milchprodukte

Gnocchi gibt es auch als glutenfreie Variante zu kaufen. Bei Bedarf kann laktosefreier Joghurt oder Sojajoghurt verwendet werden oder einfach der Mayonnaiseanteil erhöht werden.

Auf das Fleisch kann für eine vegetarische Zubereitung problemlos verzichtet werden. Wer den Räuchergeschmack im Salat möchte, kann stattdessen gewürfelten Räuchertofu verwenden.

Das Rezept im Unterricht

Passende unterrichtliche Themen:
- Saisonale Küche
- Rezepte für Feste und Büfetts

Die Schüler sollen mithilfe der Karten die einzelnen Arbeitsabläufe und -schritte in die richtige Reihenfolge bringen. Die Karten unten sind geordnet. Zerschneiden und mischen Sie diese und lassen sie die Schülergruppen die richtige Ordnung wiederfinden.

1. Schritt	400 g Gnocchi und 500 g Brokkoliröschen in Salzwasser bissfest garen. Danach kalt abschrecken und abkühlen lassen.	Zwei Paprikaschoten waschen und in Würfel schneiden.	100 g getrocknete Tomaten in Öl abtropfen lassen. In feine Würfel schneiden.	200 g geräucherten Geflügelbrust- aufschnitt in feine Würfel schneiden.
2. Schritt	½ Kästchen Kresse mit einer Schere abschneiden und in einem Sieb mit kalten Wasser abbrausen.	2 EL Zitronensaft, 1 EL Zucker, 3 EL Mayonnaise und 4 EL Joghurt mit einem Schneebesen verrühren.	1 Knoblauchzehe zur angerührten Salatsauce pressen. Mit Salz, Pfeffer und Paprika würzig abschmecken.	Alle Zutaten zum Dressing geben, mit einem Salatbesteck unterheben und kurz durchziehen lassen.

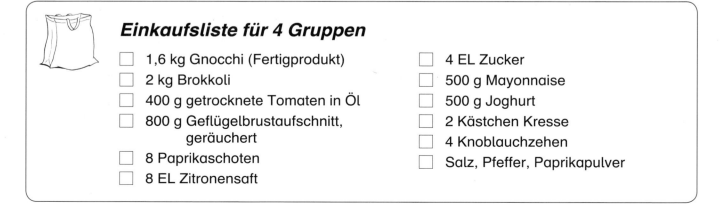

Einkaufsliste für 4 Gruppen

- ☐ 1,6 kg Gnocchi (Fertigprodukt)
- ☐ 2 kg Brokkoli
- ☐ 400 g getrocknete Tomaten in Öl
- ☐ 800 g Geflügelbrustaufschnitt, geräuchert
- ☐ 8 Paprikaschoten
- ☐ 8 EL Zitronensaft

- ☐ 4 EL Zucker
- ☐ 500 g Mayonnaise
- ☐ 500 g Joghurt
- ☐ 2 Kästchen Kresse
- ☐ 4 Knoblauchzehen
- ☐ Salz, Pfeffer, Paprikapulver

Denise Reinholdt: Küchenpraxis: 38 schultaugliche Rezepte für die kalte Küche
© Persen Verlag

Bunter Gnocchisalat

4 Portionen	Zutaten	Arbeitsschritte	Geräte
400 g 500 g	Gnocchi (Fertig-produkt) Brokkoli, in kleine Röschen geteilt Salz	● Gnocchi und Brokkoli jeweils in Salzwasser bissfest garen. ● Mit kaltem Wasser abschrecken und abkühlen lassen.	2 Töpfe Durchschlag
100 g 200 g 2	getrocknete Tomaten in Öl Geflügelbrustauf-schnitt, geräuchert Paprikaschoten	● Getrocknete Tomaten abtropfen lassen und sehr fein würfeln. ● Geflügelbrustaufschnitt würfeln. ● Paprika waschen, entkernen und ebenfalls würfeln.	Sieb Brett Messer
2 EL 1 EL 3 EL 4 EL 1 kleine Zehe ½ Kästchen	Zitronensaft Zucker Mayonnaise Joghurt Knoblauch Kresse Salz, Pfeffer, Paprikapulver	● Zitronensaft und Zucker verrühren. ● Mayonnaise und Joghurt unterrühren. ● Knoblauchzehe in die Mayonnaise-Joghurt-Mischung pressen. ● Kresse mit einer Schere abschneiden, in einem Sieb abbrausen und unterrühren. ● Mit Salz, Pfeffer und Paprikapulver würzen.	große Rührschüssel EL Knoblauchpresse Messer Schere Sieb Schneebesen Abschmecklöffel
		● Alle Zutaten zum Dressing geben, mit einem Salatbesteck unterheben und kurz durchziehen lassen.	Salatbesteck

Zeitangabe 　　　　　　　　　　　　　　**Kosten**

Ernährungsinfos

Allergierisiken: Milchprodukte

Die Milchprodukte in den Rezepten können auch sehr gut durch laktosefreie Varianten ersetzt werden.

Das Rezept im Unterricht

Diese Rezepte eignen sich besonders zur Sommersaison, wenn Gurken aus Deutschland leicht zu bekommen sind. Vielleicht gibt es in Ihrer Schule einen Schulgarten oder die Schüler können Gurken von zu Hause mitbringen? Gurken lassen sich sehr gut im Gewächshaus und teilweise auch im Freiland selber ziehen. Sie benötigen nur Wärme, eine Möglichkeit, in die Höhe zu klettern (oder sie werden hochgebunden) und reichlich Wasser.

Gurken sind wasserreich, kalorienarm und werden von den meisten Kindern gern gegessen. Die Gurkenkaltschale ist auf jeden Fall einen Versuch wert und schmeckt unheimlich erfrischend an heißen Sommertagen.

Passende unterrichtliche Themen:
- Saisonale Küche
- Salate
- Rezepte für Grillfeste und Büfetts
- Elektrische Küchenhelfer
- Reiben, raspeln, hobeln

Alternative Zubereitung

Man kann die Gurken-Sour-Creme auch komplett im Universalzerkleinerer zubereiten. Dadurch spart man Zeit, aber erhält natürlich eine etwas andere Konsistenz als mit von Hand geraspelter Gurke.

- -

Einkaufsliste für 4 Gruppen

Nordischer Gurkensalat mit Dill
- [ ] 2 Becher Crème fraîche
- [ ] 1 Bund Dill
- [ ] 4 Gurken
- [ ] Öl
- [ ] Essig
- [ ] Salz, Pfeffer

Asiatischer Gurkensalat
- [ ] 4 rote Zwiebeln
- [ ] 4 Knoblauchzehen
- [ ] 4 Chilischoten
- [ ] 4 Gurken
- [ ] Essig
- [ ] Salz
- [ ] Zucker

Gurkenkaltschale
- [ ] 2 rote Zwiebeln
- [ ] 2 Knoblauchzehen
- [ ] 2 Gurken
- [ ] 600 g Joghurt
- [ ] 300 g Crème fraîche
- [ ] 1,5 l Buttermilch
- [ ] 2 Kästchen Kresse
- [ ] 1 Bund Dill
- [ ] Zitronensaft
- [ ] Salz, Pfeffer, Zucker

Gurken-Sour-Creme
- [ ] 2 Gurken
- [ ] 500 g Quark (40 %)
- [ ] 300 g Joghurt
- [ ] Essig
- [ ] Zucker
- [ ] Salz, Pfeffer

34

Nordischer Gurkensalat mit Dill

4 Portionen	Zutaten	Arbeitsschritte	Geräte
½ EL 1 EL 1 EL etwas	Essig Öl Crème fraîche Salz und Pfeffer	● Essig und Öl mit einem Schneebesen verschlagen. ● Crème fraîche unterrühren. ● Mit Salz und Pfeffer würzen.	Schüssel EL Schneebesen Abschmecklöffel
¼ Bund 1	Dill Gurke Salz Pfeffer	● Dill abspülen und fein hacken. In die Marinade einrühren. ● Gurke in dünne Scheiben hobeln. Unter die Marinade heben. Mit Salz und Pfeffer abschmecken.	Brett Messer Gemüsehobel Salatbesteck Abschmecklöffel

Asiatischer Gurkensalat

4 Portionen	Zutaten	Arbeitsschritte	Geräte
EL 5 EL 3 EL etwas	Essig Wasser Zucker Salz	● Essig, Wasser, Zucker und Salz in einen Topf geben und unter rühren aufkochen lassen.	Topf EL Schneebesen
1 1 1	rote Zwiebel Knoblauchzehe Chilischote	● Zwiebel in feine Streifen schneiden, Knoblauchzehe pressen. ● Die Chilischote entkernen und ebenfalls in feine Streifen schneiden. ● Alles in das Dressing einrühren. Das Dressing auskühlen lassen.	Brett Messer Knoblauchpresse Schneebesen
1	Gurke	● Gurke waschen, entkernen und hobeln. ● Mit dem Dressing mischen und kurz ziehen lassen.	Brett Messer Gemüsehobel Salatschüssel Salatbesteck

Dieser Salat kann auch mit gehackten Erdnüssen oder Cashewkernen bestreut und dann serviert werden.

Gurkenkaltschale

4 Portionen	Zutaten	Arbeitsschritte	Geräte
½ ½ ½	Salatgurke rote Zwiebel Knoblauchzehe	● Gurke schälen, entkernen und klein schneiden. ● Zwiebel schälen und würfeln. ● Knoblauch schälen und zur Zwiebel pressen. ● Alles zusammen in einen Standmixer geben und pürieren.	Brett Messer TL Knoblauchpresse Standmixer
150 g 350 ml 70 g	Joghurt Buttermilch Crème fraîche	● Milchprodukte zugeben und erneut pürieren.	Waage Messbecher Standmixer
½ Kästchen ¼ Bund 1 TL	Kresse Dill Zitronensaft Salz, Pfeffer Zucker	● Kresse und Dill abwaschen, mit der Schere zerkleinern und zugeben. ● Suppe würzen und abschmecken.	Schere Sieb TL

 Wer keinen Standmixer hat, nimmt stattdessen ein hohes Gefäß und einen Pürierstab.

Gurken-Sour-Creme

4 Portionen	Zutaten	Arbeitsschritte	Geräte
½	Gurke	● Gurke waschen und entkernen. ● Mit einer Raspel fein zerkleinern.	Brett Messer TL Raspel
125 g 70 g 1 TL ¼ TL 1 EL	Quark (40 %) Joghurt Zucker Salz Tafelessig (5 %) Pfeffer	● Alle Zutaten in eine Rührschüssel geben und mit den Rührstäben des Handrührgerätes verquirlen. ● Geraspelte Gurke zugeben und unterrühren. ● Würzig abschmecken.	Rührschüssel Handrührgerät Rührstäbe Waage TL EL

 Schmeckt sehr gut zu Pellkartoffeln!

Denise Reinholdt: Küchenpraxis: 38 schultaugliche Rezepte für die kalte Küche
© Persen Verlag

Zeitangabe

Kosten

Ernährungsinfos

Allergierisiken: Milchprodukte

Das Gericht enthält Schweinefleisch.

Mozzarella wird von vielen Menschen, die auf Laktose reagieren, vertragen. Fragen Sie auf jeden Fall nach und achten sie ansonsten auf die Bezeichnung „laktosefrei" beim Kauf.

Den luftgetrockneten Schinken vom Schwein können Sie durch Rinderschinken ersetzen. Diesen findet man unter dem italienischen Namen Bresaola oder als schweizerisches Bündnerfleisch im Handel.

Das Rezept im Unterricht

Passende unterrichtliche Themen:
● Internationale Küche
● Rezepte für Feste und Büfetts

Als Beilage eignen sich Ciabattabrot, Focaccia oder Bruschetta.

Bestimmt kennen die Schüler klassische Käsespießchen auf einem Büfett. Käsewürfel, Weintraube, Zahnstocher. Aber diese italienischen Varianten sind nicht so verbreitet.

Klassisch gehört dabei grob gemahlener Pfeffer zum Melone-Schinken-Spieß.

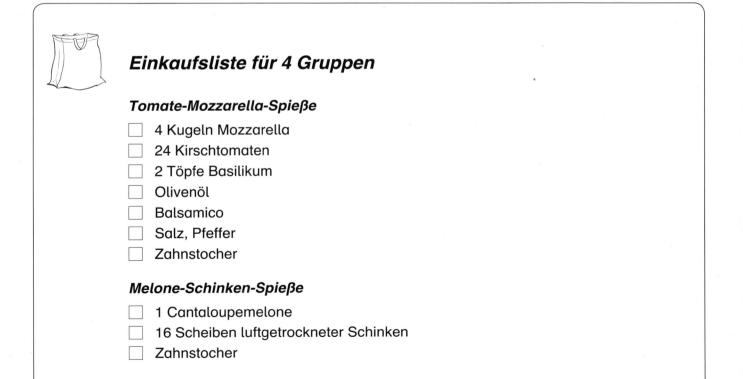

Einkaufsliste für 4 Gruppen

Tomate-Mozzarella-Spieße

☐ 4 Kugeln Mozzarella
☐ 24 Kirschtomaten
☐ 2 Töpfe Basilikum
☐ Olivenöl
☐ Balsamico
☐ Salz, Pfeffer
☐ Zahnstocher

Melone-Schinken-Spieße

☐ 1 Cantaloupemelone
☐ 16 Scheiben luftgetrockneter Schinken
☐ Zahnstocher

Tomate-Mozzarella-Spieße

12 Spieße	Zutaten	Arbeitsschritte	Geräte
1 Kugel 2 EL	Mozzarella Olivenöl Salz, Pfeffer	• Mozzarellakugel in 12 Stücke teilen. • Mit dem Olivenöl vermischen, salzen und pfeffern.	Brett Messer EL Schüssel
6 1 EL	Kirschtomaten Balsamico Salz, Pfeffer	• Kirschtomaten halbieren. • Mit dem Balsamico vermischen, salzen und pfeffern.	Brett Messer EL Schüssel
12 Blätter	Basilikum	• Tomatenhälfte, Käsestückchen und Basilikumblatt mit Zahnstochern zu Spießen zusammenstecken.	Zahnstocher

Melone-Schinken-Spieße

8 Spieße	Zutaten	Arbeitsschritte	Geräte
¼	Cantaloupemelone	• Melonenviertel schälen und in 8 Stücke schneiden.	Brett Messer
4 Scheiben	luftgetrockneter Schinken	• Schinken längs halbieren. • Melonenwürfel in je einen Schinkenstreifen einwickeln und mit einem Zahnstocher feststecken.	Zahnstocher

 Dazu schmeckt italienisches Ciabattabrot, Focaccia und Bruschetta.

Denise Reinholdt: Küchenpraxis: 38 schultaugliche Rezepte für die kalte Küche
© Persen Verlag

Zeitangabe

Ernährungsinfos

Allergierisiken: Milchprodukte

Die Milchprodukte können gegen laktose- oder kuhmilchfreie Alternativen ausgetauscht werden.

Das Rezept im Unterricht

Passende unterrichtliche Themen:
- Kochen für Gäste und Büfetts

Die Käsepralinen sind eine tolle Beigabe zu einer Käseplatte bei einem Büfett und Schüler haben oft große Freude daran, so etwas optisch Ansprechendes zuzubereiten.

Alternative Zubereitung

Die Käsepralinen gefallen Ihnen gut? Dann finden Sie hier noch ein weiteres Rezept, welches an bayerischen Obatzda angelehnt ist.

Käsepralinen Bayerische Art:

Zutaten: 100 g Camembert, 30 g Butter, 1 Frühlingszwiebel, 1 TL Paprikapulver, 1 Msp. Kümmel gemahlen, ¼ Topf Schnittlauch

Zubereitung: Der Camembert und die Butter müssen zimmerwarm sein. Nun den Camembert entrinden und zusammen mit der Butter zerdrücken. Die Frühlingszwiebel ganz fein hacken und unter die Käsemasse mischen. Die Masse mit Paprikapulver, Kümmel und Salz würzen und dann 20 min kalt stellen. Den Schnittlauch in feine Röllchen schneiden. Die Käsemasse zu Bällchen formen und in den Schnittlauchröllchen schwenken, leicht andrücken und wieder bis zum Verzehr kühl stellen.

Einkaufsliste für 4 Gruppen

☐ 3 Töpfe Kräuter (z. B. Schnittlauch, Petersilie, Kerbel)

☐ 4 Frühlingszwiebeln

☐ 400 g Schafskäse (Feta)

☐ Paprikapulver

☐ Kreuzkümmel (Cumin), gemahlen

Käsepralinen

4 Portionen	Zutaten	Arbeitsschritte	Geräte
1 Handvoll 1	gemischte Kräuter Frühlingszwiebel	● Kräuter gründlich waschen, trocken schleudern, von Stielen und trockenen Blättern befreien. Fein hacken. ● Frühlingszwiebel waschen und ebenfalls fein hacken.	Sieb Salatschleuder Brett Messer EL
100 g 100 g	Schafskäse Frischkäse	● Den Schafskäse, je nachdem wie weich er ist, reiben oder in einem Suppenteller mit einer Gabel zerdrücken. ● Frischkäse zugeben und mit einer Gabel vermengen. ● Gehackte Kräuter und gehackte Frühlingszwiebel zugeben und ebenfalls alles gut vermischen.	Suppenteller Reibe Gabel
1 TL ½ TL	Paprikapulver Kreuzkümmel (Cumin) gemahlen	● Gewürze vermischen und in einen Suppenteller geben. ● Aus der Frischkäsemasse Bällchen formen und diese nacheinander in der Gewürzmischung schwenken. ● Auf einem Teller anrichten und dazu z. B. Baguettebrot reichen.	Suppenteller TL Anrichteteller

Denise Reinholdt: Küchenpraxis: 38 schultaugliche Rezepte für die kalte Küche
© Persen Verlag

Zeitangabe

Kosten € €

Ernährungsinfos

Allergierisiken: Gluten

Eine glutenfreie Variante von Mie-Nudeln ist mir bisher nicht bekannt.

Das Rezept im Unterricht

Passende unterrichtliche Themen:
- Saisonale Küche
- Rezepte für Feste und Büfetts

Alternative Zubereitung

Chinakohl ist sehr wandelbar. Das beweist z. B. dieses Rezept:

Süßer Chinakohlsalat mit Obst

Zutaten: 1 kleiner Chinakohl, 1 roter Apfel, 1 Dose Mandarinen, 1 Banane, 150 ml Sahne, 2 EL Zucker, 2 EL Zitronensaft

Zubereitung: Sahne und Zucker mit dem Handrührgerät mit Rührstäben aufschlagen, bis der Zucker gelöst ist, so wird die Sauce schön dickflüssig. Anschließend den Zitronensaft unterrühren.

Chinakohl waschen, den Strunk entfernen und in feine Streifen schneiden. Apfel waschen, entkernen und würfeln, Banane waschen und würfeln, Mandarinen abtropfen lassen. Salatzutaten unter die Sahnesauce heben und sofort servieren.

✂

Einkaufsliste für 4 Gruppen

- ☐ 4 Blöcke Mie-Nudeln
- ☐ 100 g Butter
- ☐ 400 g Mandelplättchen
- ☐ 240 g Zucker
- ☐ 8 EL Tafelessig
- ☐ 400 ml Sonnenblumenöl
- ☐ 8 EL Sojasauce
- ☐ 2 Chinakohl
- ☐ 2 Bund Frühlingszwiebeln

Mie-Nudel-Salat

4 Portionen	Zutaten	Arbeitsschritte	Geräte
1 Block	Mie-Nudeln	● Mie Nudeln in einen Universalzerkleinerer geben und in kurzen Intervallen klein hacken.	Universalzerkleinerer
25 g 100 g	Butter Mandelblättchen	● Butter in einer Pfanne schmelzen. Die Mandelblättchen und die zerhackten Mie-Nudeln zugeben und etwas rösten. Rechtzeitig zurückschalten, damit die Mandeln nicht schwarz werden.	Waage Pfanne Pfannenwender
60 g 2 EL 100 ml 2 EL	Zucker Tafelessig Öl Sojasauce	● Zucker, Essig, Öl und Sojasauce zusammen in einen Topf geben. Unter ständigem Rühren aufkochen lassen.	Messbecher Waage EL Topf Schneebesen
½	Chinakohl	● Den Strunk keilförmig aus dem Chinakohl herausschneiden. Dann die Blätter waschen und trocken schleudern. ● Chinakohl mundgerecht würfeln.	Brett Messer Salatschleuder
½ Bund	Frühlingszwiebeln	● Frühlingszwiebeln waschen und in feine Ringe schneiden.	Brett Messer
		● Alle Zutaten in einer Salatschüssel vermischen und den Salat abkühlen lassen.	Salatschüssel Salatbesteck

Denise Reinholdt: Küchenpraxis: 38 schultaugliche Rezepte für die kalte Küche
© Persen Verlag

Zeitangabe    **Kosten** €

Ernährungsinfos

Allergierisiken: Gluten, Milchprodukte

Wenn sie die Speise Knusperapfel glutenfrei zubereiten wollen, dann greifen sie auf gepuffte Reiskörner zurück. Reis ist absolut glutenfrei, auf Hafer hingegen reagieren manche Allergiker.

Der verwendete Joghurt kann problemlos durch laktosefreien oder auch Sojajoghurt ersetzt werden.

Das Rezept im Unterricht

Passende unterrichtliche Themen:
- Vitamine
- Vollwerternährung
- Gesundes Frühstück
- Zerkleinerungstechniken (Raspeln)

Beide Rezepte sind sehr beliebt bei Kindern und eignen sich beispielsweise auch, wenn man die Ernährung von Kleinkindern thematisiert, da beide Speisen von Kindern ab einem Jahr gut verzehrt werden können.

Die Äpfel werden direkt in die Marinade gerieben, damit sie nicht braun werden.

Alternative Zubereitung

Man kann diesen Salat auch mit klarem Dressing zubereiten. Dazu wird die Schlagsahne durch 2 EL Öl ersetzt. Möhren müssen immer mit etwas Fett verzehrt werden, denn nur so kann der Körper das fettlösliche Vitamin A aufnehmen.

Weisen Sie die Schüler auf jeden Fall darauf hin, wie sich das Dressing verfärbt. Daran lässt sich gut erklären, dass der in Möhren enthaltene Farbstoff Betacarotin in Fett aufgelöst wird und dann im Körper zu Vitamin A umgewandelt werden kann.

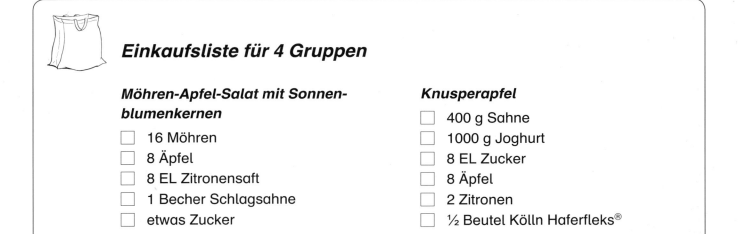

Einkaufsliste für 4 Gruppen

Möhren-Apfel-Salat mit Sonnenblumenkernen

- ☐ 16 Möhren
- ☐ 8 Äpfel
- ☐ 8 EL Zitronensaft
- ☐ 1 Becher Schlagsahne
- ☐ etwas Zucker

Knusperapfel

- ☐ 400 g Sahne
- ☐ 1000 g Joghurt
- ☐ 8 EL Zucker
- ☐ 8 Äpfel
- ☐ 2 Zitronen
- ☐ ½ Beutel Kölln Haferfleks®

Möhren-Apfel-Salat mit Sonnenblumenkernen

4 Portionen	Zutaten	Arbeitsschritte	Geräte
2 EL 1 TL 3 EL	Zitronensaft Zucker Sahne	● Alle Zutaten zu einem Dressing verrühren.	Schüssel EL TL Schneebesen
4 2	Möhren Äpfel	● Äpfel waschen und schälen. Direkt in das Dressing raspeln. Dabei die Äpfel am Kerngehäuse anfassen und dieses nicht mitraspeln. Durchrühren. ● Möhren waschen, schälen und zu den Äpfeln raspeln.	Sparschäler Raspel Salatbesteck
2 EL	Sonnenblumenkerne	● Sonnenblumenkerne ohne Fett in eine kleine Pfanne geben und erhitzen, bis sie zu duften anfangen. Dabei immer wieder rühren. Pfanne ausschalten und zum Auskühlen vom Herd ziehen. Vorsicht, die Sonnenblumenkerne sind sehr heiß! ● Salat auf Tellern anrichten und mit den Sonnenblumenkernen bestreut servieren.	Pfanne Pfannenwender Anrichteteller

Knusperapfel

4 Portionen	Zutaten	Arbeitsschritte	Geräte
100 g 250 g 2 EL	Sahne Joghurt Zucker	● Sahne steif schlagen ● Joghurt und Zucker verrühren.	Waage Handrührgerät mit Rührstäben EL Schneebesen
2 3 TL	Äpfel Zitronensaft	● Die Äpfel waschen und raspeln. Dazu rundherum um das Kerngehäuse raspeln und dieses entsorgen. Sofort mit dem Zitronensaft mischen. ● Geraspelten Apfel unter den Joghurt heben.	Raspel TL Schüssel EL
8 EL	Haferfleks einige Haferfleks als Garnitur	● Die Haferfleks einrühren und die Sahne unterheben. ● In Schälchen verteilen und mit ein paar Haferfleks garniert servieren.	EL Anrichteschälchen

Denise Reinholdt: Küchenpraxis: 38 schultaugliche Rezepte für die kalte Küche
© Persen Verlag

Zeitangabe

Kosten

Ernährungsinfos

Allergierisiken: Gluten

Es können problemlos glutenfreie Nudeln verwendet werden.

Das Rezept im Unterricht

Bevor Sie diesen Salat mit Kindern zubereiten, fragen Sie ab, ob Balsamico-Dressing gerne gegessen wird. Die Marinade hat durch den Balsamico einen säuerlichen Geschmack. Während Erwachsene diese Geschmacksnote oft sehr gerne mögen, bevorzugen jüngere Kinder oft eher mild schmeckende Salate mit Mayonnaise-Dressing.

Passende unterrichtliche Themen:
- Saisonale Küche
- Rezepte für Feste und Büfetts

Alternative Zubereitung

Alternatives Dressing: 1 Glas grünes Pesto, 5 EL Olivenöl, 1 TL Zucker, 2 EL weißer Balsamico, 100 g geriebener Parmesan

 Gewürfelter Mozzarellakäse passt ebenfalls sehr gut in den Salat.

Einkaufsliste für 4 Gruppen

- [ ] 1 kg Nudeln (Farfalle)
- [ ] 4 Bund Rucola
- [ ] 1 kg Kirschtomaten
- [ ] 4 Knoblauchzehen
- [ ] 2 Tuben Tomatenmark
- [ ] Olivenöl
- [ ] Balsamico
- [ ] Salz, Pfeffer
- [ ] Zucker

Nudelsalat mit Balsamico-Tomaten-Dressing

4 Portionen	Zutaten	Arbeitsschritte	Geräte
250 g	Nudeln (Farfalle)	● Nudeln nach Packungsanweisung in Salzwasser gar kochen. ● Abschütten und kurz unter kaltem Wasser abschrecken.	Topf Durchschlag
4 EL 4 EL 8 EL 2 EL 1 1 TL	Balsamico Tomatenmark Olivenöl Wasser Knoblauchzehe Zucker Salz, Pfeffer	● Balsamico, Tomatenmark, Olivenöl und Wasser verrühren. ● Knoblauchzehe schälen und dazupressen. ● Mit Zucker, Salz und Pfeffer würzen. ● Nudeln unterheben.	Salatschüssel EL Schneebesen Knoblauchpresse Gemüsemesser TL Salatbesteck
1 Bund 250 g	Rucola Kirschtomaten	● Rucola abbrausen und trocken schleudern. ● Kirschtomaten waschen und halbieren. ● Beides mit den Nudeln vermischen und den Salat erneut abschmecken.	Salatschleuder Brett Messer Salatbesteck

Denise Reinholdt: Küchenpraxis: 38 schultaugliche Rezepte für die kalte Küche
© Persen Verlag

Zeitangabe    **Kosten** €€

Ernährungsinfos

Vitamine sind zu jeder Jahreszeit sehr gesund. Gerade in der Winterzeit braucht man viel Vitamin C. Zu wenig Vitamin C lässt das Immunsystem anfällig für Krankheiten werden, daher ist es wichtig, in der Erkältungszeit viel Obst zu essen. Eine Überdosierung nur durch die Nahrung ist annähernd unmöglich, da Vitamin C wasserlöslich ist und überschüssiges Vitamin C daher mit dem Urin ausgeschieden wird.

Das Rezept im Unterricht

Passende unterrichtliche Themen:

- Saisonkalender
- Vitamine
- Vorbereitungsarbeiten (Orange filetieren, Obst allgemein vorbereiten)
- Vollwerternährung
- Gesunde Ernährung

Da das Rezept ganzjährig umsetzbar ist, können Sie die oben genannten Themen jederzeit bearbeiten. Ein weiteres mögliches Thema wäre Vegetarismus – vegane Ernährung. Denn: Dieser Obstsalat ist nicht vegan. Warum er es nicht ist, müssen die Schüler herausfinden und dabei werden sie schnell darauf kommen, dass Honig als tierisches Produkt in der veganen Ernährung tabu ist.

Alternative Zubereitung

Einige Variationsmöglichkeiten finden sich direkt im Rezept. Die weichen Zutaten der Frühjahrs- und Sommervariante könnten auch püriert und als Schichtdessert mit Joghurt in einem Trinkglas angerichtet werden. Dabei bietet sich der Vergleich mit derartigen Schichtdesserts aus dem Supermarkt an. Der Joghurt ist bei diesen Produkten oft auch leicht gesüßt, dazu bietet sich Puderzucker oder Traubenzucker an.

Wie mutig sind die Schüler? Die Frühjahrsvarianten könnten wunderschön mit essbaren Blüten angerichtet werden. Veilchen, Stiefmütterchen, Holunderblüten, Gänseblümchen, Vogelmiere oder Löwenzahn geben dem Salat ein wunderschönes Aussehen und einen interessanten Geschmack. Natürlich eignet sich nicht jede essbare Blüte. Kapuzinerkresse beispielsweise sieht toll aus, hat aber einen scharfen senfartigen Geschmack und passt daher nicht in einen Obstsalat. Bei der Ernte der Blüten muss man darauf achten, dass sie nicht durch Hunde oder Füchse verunreinigt sein dürfen und vor dem Verzehr gewaschen werden müssen.

Einkaufsliste für 4 Gruppen

☐ 2 Zitronen, ½ Glas Honig

Frühjahr:	**Sommer:**	**Herbst:**	**Winter:**
☐ 2 Ananas	☐ 1 Cantaloupe-melone	☐ 4 Äpfel	☐ 8 Orangen
☐ 4 große Bananen	☐ 1 kg Erdbeeren	☐ 4 Birnen	☐ 4 Äpfel
☐ 8 Kiwi	☐ 4 große Bananen	☐ 12 Pflaumen	☐ 16 Datteln
☐ evtl. Limette statt Zitrone	☐ evtl. Zitronen-melisse	☐ 800 g Wein-trauben	☐ 800 g Wein-trauben
			☐ evtl. Zimt, ge-hackte Mandeln

Obstsalat für jede Jahreszeit

4 Portionen	Zutaten	Arbeitsschritte	Geräte
½ 1 EL	Zitrone Honig	• Zitronen auspressen. • Mit einem Schneebesen mit dem Honig verrühren.	Zitronenpresse EL Rührschüssel Schneebesen
Frühjahr			
½ 1 große 2	Ananans Banane Kiwi	• Ananas schälen, Strunk entfernen und in mundgerechte Stückchen schneiden. • Banane schälen und in halbe Scheiben schneiden. • Kiwi schälen, der Länge nach halbieren und in Scheiben schneiden. • Mit der Salatsauce mischen. Limette statt Zitrone unterstreicht den karibischen Geschmack.	Brett Messer Schüssel Salatbesteck
Sommer			
¼ 250 g 1 große	Cantaloupemelone Erdbeeren Banane	• Melone schälen, entkernen und in mundgerechte Stücke schneiden. • Erdbeeren waschen, putzen und vierteln. • Banane schälen und in halbe Scheiben schneiden. • Mit der Salatsauce mischen. Zitronenmelisse gibt einen schönen Farbakzent und unterstreicht den sommerlichen Geschmack.	Brett Messer Schüssel Salatbesteck

Denise Reinholdt: Küchenpraxis: 38 schultaugliche Rezepte für die kalte Küche
© Persen Verlag

Herbst

1	Birne	Brett
1	Apfel	Messer
3	Pflaumen	Schüssel
200 g	Weintrauben	Salatbesteck

- Birne und Apfel entkernen, mundgerecht würfeln und sofort mit der Salatsauce mischen.
- Pflaumen waschen, entkernen und in mundgerechte Stückchen schneiden.
- Weintrauben waschen, halbieren und wenn nötig entkernen. Unter die Salatsauce mischen.

Winter

2	Orangen	Brett
200 g	Weintrauben	Messer
1	Apfel	Schüssel
4	Datteln	Salatbesteck

- Orange filetieren.
- Apfel entkernen, mundgerecht würfeln und sofort mit der Salatsauce mischen.
- Weintrauben waschen, halbieren und wenn nötig entkernen.
- Datteln entkernen und in sehr kleine Würfel schneiden.
- Alles mit der Salatsauce mischen.

Beim Filetieren der Orange tritt viel Saft aus. Dieser kann statt Zitronensaft für die Salatsauce genommen werden. Ein Hauch Zimt in der Salatsauce schmeckt gut. Gehackte Mandeln geben zusätzlichen Biss und passen geschmacklich sehr gut in die Winterzeit.

Zeitangabe

Kosten

Ernährungsinfos

Allergierisiken: Milchprodukte

Verwenden sie wenn notwendig laktosefreie Milchprodukte oder Sojaalternativen.

Das Rezept im Unterricht

Passende unterrichtliche Themen:
- Das elektrische Handrührgerät
- Menüs für Gäste

Dieses Rezept bereite ich mit Schülern immer in der ersten Stunde mit dem elektrischen Handrührgerät zu.

Dabei ist es wichtig, beim Sahneschlagen genau aufzupassen. Manchmal fehlt es an Ausdauer und die Sahne plätschert halbfest in der Schüssel herum. Manchmal meinen die Schüler es sehr gut und haben dann Butter in ihrer Schüssel.

Verwenden Sie unbedingt gekühlte, frische Sahne! Wenn man haltbar gemachte Sahne bei Zimmertemperatur verwendet, bekommt man fast immer Butter heraus. Dieser Nebeneffekt ist allerdings auch ein schönes Experiment: selbstgemachte Süßrahmbutter! Natürlich ohne Zuckerzugabe. Sie schmeckt dennoch ganz anders als Sauerrahmbutter.

Man kann die H-Sahne auch in ein Marmeladenglas geben und dann in der Klasse herumreichen und kräftig schütteln lassen. In den Butterfässchen wurde früher auch gestampft und nicht gerührt.

Alternative Zubereitung:

Für mehr Frische im Rezept, verwenden Sie statt Mandarinenfilets aus der Dose frisch filetierte Orangenfilets. Schütten Sie den Saft, der dabei anfällt, nicht weg, sondern verwenden Sie ihn statt Zitronensaft.

Einkaufsliste für 4 Gruppen

- ☐ 1 kg Magerquark
- ☐ 2 Becher Schlagsahne
- ☐ 2 Dosen Mandarinen
- ☐ 4 Bananen
- ☐ 4 Vanillezucker
- ☐ Milch
- ☐ Zitronensaft
- ☐ Zucker

Denise Reinholdt: Küchenpraxis: 38 schultaugliche Rezepte für die kalte Küche
© Persen Verlag

Quarkspeise mit Banane und Mandarine

4 Portionen	Zutaten	Arbeitsschritte	Geräte
100 g 1 P.	Sahne Vanillezucker	● Sahne und Vanillezucker mischen, mit einem Handrührgerät mit Rühr- stäben steif schlagen.	Rührbecher Waage Handrührgerät mit Rühr- stäben
3 TL 250 g 2 EL 3 EL	Zitronensaft Magerquark Zucker Milch	● Zitronensaft und Zucker verrühren. ● Quark und Milch zugeben und unterrühren.	Rührschüssel Waage TL EL Handrührgerät mit Rühr- stäben
½ Dose 1	Mandarinenfilets Banane	● Mandarinenfilets abtropfen lassen. Vier schöne Mandarinenfilets bei- seitestellen. ● Die restlichen Mandarinenfilets zur Quarkmasse geben und mit dem Handrührgerät unterrühren. Dabei werden die Filets zerkleinert. ● Sahne unterheben. ● Banane schälen und in halbe Scheiben schneiden. Mit der Quarkspeise vermischen. ● Auf vier Dessertschalen verteilen, je ein Mandarinenfilet als Dekoration auflegen.	Sieb Brett Messer Handrührgerät mit Rühr- stäben 4 Dessertschalen

Zeitangabe 　　　　　　　　　　　　　　　　**Kosten**

Ernährungsinfos

Der Salat enthält Schweinefleisch. Natürlich kann man den Kochschinken auch problemlos gegen Puten-
brustaufschnitt austauschen oder diesen für eine vegetarische Variante ganz weglassen.

Das Rezept im Unterricht

Passende unterrichtliche Themen:
- Rezepte für Feste und Büfetts

Alternative Zubereitung

Alternativ kann man auch Mais unter den Salat mischen. Mit einer Wildreismischung bekommt der Salat eine
interessante Optik und einen kernigen Biss.

--- ✂ -

Einkaufsliste für 4 Gruppen

- ☐ 500 g Langkornreis
- ☐ 8 Paprikaschoten
- ☐ 4 Zwiebeln
- ☐ 500 g Kochschinken
- ☐ 4 Dosen Mandarinenfilets
- ☐ 520 g Mayonnaise
- ☐ Zucker
- ☐ Salz
- ☐ Sojasauce

Reissalat

4 Portionen	Zutaten	Arbeitsschritte	Geräte
125 g	Langkornreis	● Reis nach Packungsanweisung gar kochen. Den fertigen Reis gut abtropfen lassen.	Topf Sieb
2 1 125 g 1 kleine Dose	Paprikaschoten Zwiebel Kochschinken Mandarinenfilets	● Paprikaschoten waschen, entkernen und in kleine Würfel schneiden. ● Zwiebel sehr fein würfeln. ● Kochschinken in kleine Würfel schneiden. ● Mandarinenfilets abgießen.	Brett Messer Waage Sieb
130 g 2 TL 2 TL 1 Prise	Mayonnaise Zucker Sojasauce Salz	● Die genannten Zutaten zu einem Dressing verrühren. ● Die Zwiebel untermischen. ● Reis, Schinken und Paprika untermengen. ● Zuletzt vorsichtig die Mandarinenfilets unterheben. Salat vor dem Anrichten etwas ziehen lassen.	Rührschüssel Waage TL Schneebesen Salatbesteck Anrichtegeschirr

 Variiere die Sauce mit etwas Tomatenmark oder Currypulver. Gewürfelte Mango und Hähnchenbrust mit Curry-Dressing geben einen karibisch angehauchten Reissalat.

Zeitangabe

Kosten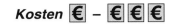

Ernährungsinfos

Allergierisiken: Milchprodukte

Es gibt laktosefreie Milch und auch laktosefreie Schmelzkäsescheiben zu kaufen, somit können diese Lebensmittel problemlos ersetzt werden.

Das Rezept im Unterricht

Passende unterrichtliche Themen:

- Vitamine
- Gesunde Ernährung
- Rohkost/Vollwerternährung (alternative Ernährungsformen)
- Vegane Ernährung (Kichererbsencreme und Guacamole z. B. auch als Brotaufstriche)
- Partyfood (Dips)

Alternative Zubereitung

Man kann Gemüse natürlich auch ganz klassisch in Kräuterquark dippen.

Rezepte dazu finden Sie in meinen ersten beiden Büchern (Bestellnr. 23445 beziehungsweise 23533).

Bei diesem Rezept finden sie eine Auswahl internationaler Dipklassiker.

Man sollte mit den Schülern vorher entscheiden, welcher Dip gemacht werden soll.

Nicht alle Dips werden bei jedem Kind gut ankommen, dafür sind sie zu speziell. Generell sollte man die Zubereitung dieser Rohkostplatte eher mit einem älteren Schülerjahrgang durchführen, da das Interesse an gesunder Ernährung und der Mut, neues auszuprobieren, einen gewissen Reifeprozess voraussetzt.

Der Käse-Dip erinnert eventuell an Käsesauce, wie sie zu Tortillachips gereicht wird. Dieser Dip ist zugegebenermaßen der ungesündeste und sollte deshalb auch kritisch thematisiert werden. Jedoch kommt dieser Dip bei Schülern wegen des vertrauten Schmelzkäsegeschmacks meist sehr gut an. Guacamole ist ebenfalls ein klassischer Dip zu Tortillachips. Sie kann nach Wunsch mit etwas Zwiebel und Chili in der Masse noch verschärft werden und ist ohne die Zugabe von Creme fraîche vegan.

Die Thunfischsauce schmeckt, statt mit Mayonnaise mit einer Mischung aus Creme fraîche zubereitet, ebenfalls sehr gut und ergibt einen etwas festeren Brotaufstrich. Die Kapern kann man nach Bedarf auch weglassen, um einen etwas weniger würzig-sauren Dip zu bekommen.

Hummus ist vielen Kindern eventuell unbekannt und mit dem mürben Mundgefühl auch nicht jedermanns Sache. Es kommt dabei jedoch auch darauf an, wie multikulturell die Lerngruppe an sich ist, eventuell bietet dieses Rezept auch eine interessante Grundlage für Gespräche über unterschiedliche Essgewohnheiten in Familien und Kulturen.

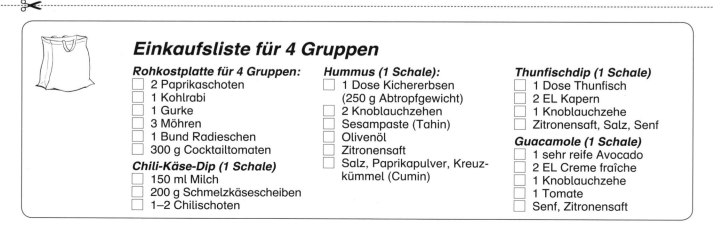

Einkaufsliste für 4 Gruppen

Rohkostplatte für 4 Gruppen:
- [ ] 2 Paprikaschoten
- [ ] 1 Kohlrabi
- [ ] 1 Gurke
- [ ] 3 Möhren
- [ ] 1 Bund Radieschen
- [ ] 300 g Cocktailtomaten

Chili-Käse-Dip (1 Schale)
- [ ] 150 ml Milch
- [ ] 200 g Schmelzkäsescheiben
- [ ] 1–2 Chilischoten

Hummus (1 Schale):
- [ ] 1 Dose Kichererbsen (250 g Abtropfgewicht)
- [ ] 2 Knoblauchzehen
- [ ] Sesampaste (Tahin)
- [ ] Olivenöl
- [ ] Zitronensaft
- [ ] Salz, Paprikapulver, Kreuzkümmel (Cumin)

Thunfischdip (1 Schale)
- [ ] 1 Dose Thunfisch
- [ ] 2 EL Kapern
- [ ] 1 Knoblauchzehe
- [ ] Zitronensaft, Salz, Senf

Guacamole (1 Schale)
- [ ] 1 sehr reife Avocado
- [ ] 2 EL Creme fraîche
- [ ] 1 Knoblauchzehe
- [ ] 1 Tomate
- [ ] Senf, Zitronensaft

Rohkostplatte mit verschiedenen Dips

16 Portionen	Zutaten	Arbeitsschritte	Geräte
2	Paprikaschoten	● Alle Gemüse waschen, putzen und in mundgerechte Stücke schneiden.	Brett
1	Kohlrabi		Kochmesser
1	Gurke		Gemüsemesser
3	Möhren		
1 Bund	Radieschen		
200 g	Cocktailtomaten		

Chili-Käse-Dip

1 Schale	Zutaten	Arbeitsschritte	Geräte
150 ml	Milch	● Milch in einem kleinen Topf aufkochen.	Kochtopf
200 g	Schmelzkäsescheiben	● Topf von der Platte ziehen und die Schmelzkäsescheiben zugeben.	Messbecher
1–2	Chilischoten	Mit einem Schneebesen rühren, bis die Scheiben geschmolzen sind.	Waage
		● Chilischote entkernen und in sehr feine Streifen schneiden. Unterrühren.	Schneebesen
			Brett
		● Dip in ein Schälchen geben und auskühlen lassen.	Gemüsemesser

Hummus – orientalischer Kichererbsendip

1 Schale	Zutaten	Arbeitsschritte	Geräte
1 Dose	Kichererbsen (250 g Abtropfgewicht)	● Kichererbsen abgießen, dabei die Abgießflüssigkeit auffangen.	Sieb
2	Knoblauchzehen	Ein paar Kichererbsen beiseitelegen.	Universalzerkleinerer
3 TL	Sesampaste (Tahin)	● Die Kichererbsen mit den restlichen Zutaten in einen Universalzerkleinerer geben und pürieren. Wenn nötig, etwas von der aufgefangenen Flüssigkeit zugeben, bis ein geschmeidiger Dip entstanden ist.	Gemüsemesser
2 EL	Olivenöl		TL
3 TL	Zitronensaft		EL
½ TL	Salz	● Dip in ein Schälchen geben, mit etwas Paprikapulver und den drei aufbewahrten Kichererbsen garniert anrichten.	
½ TL	Cumin (Kreuzkümmel)		
1 TL	Paprikapulver		

Thunfischdip

1 Schale	Zutaten	Arbeitsschritte	Geräte
1 Dose	Thunfisch	• Thunfisch abgießen.	Sieb
250 g	Mayonnaise	• Knoblauchzehe schälen.	Universalzerkleinerer
2 EL	Kapern	• Zusammen mit den restlichen Zutaten in einen Universalzerkleinerer geben und pürieren.	Waage
½ TL	Salz		Gemüsemesser
2 EL	Zitronensaft	• Dip in ein Schälchen geben, mit ein paar Kapern garniert servieren.	TL
1 TL	Senf		EL
1	Knoblauchzehe		

Guacamole

1 Schale	Zutaten	Arbeitsschritte	Geräte
1	sehr reife Avocado	• Avocado der Länge nach halbieren und mit einem Löffel aus der Schale lösen.	Messer
2 EL	Zitronensaft		EL
2 EL	Creme fraîche	• Avocadofleisch mit den restlichen Zutaten in eine Schüssel geben.	Schüssel
1	Knoblauchzehe	• Mit einem Pürierstab fein musen. Abschmecken und eventuell noch etwas nachwürzen.	Pürierstab
1 Msp.	Salz		Messer
etwas	Pfeffer		
1	Tomate	• Tomate entkernen und fein würfeln. Unter die Guacamole rühren.	Brett, Messer, Gabel

Zeitangabe

Kosten €€€

Ernährungsinfos

Allergierisiken: Gluten, Milchprodukte

Kaufen Sie wenn notwendig glutenfreie Löffelbiskuits. Eine alternative Zubereitung mit laktosefreien oder sojabasierten Produkten ist ebenfalls möglich, verändert aber sehr den Geschmack und die Konsistenz.

Das Rezept im Unterricht

Passende unterrichtliche Themen:
- Menüs für Gäste
- Aufwertung von Convenienceprodukten

Alternative Zubereitung

Zeit für Kreativität:
- Ersetze Nuss-Nugat-Creme durch gezuckerte und pürierte Erdbeeren und Sauerkirschen durch Erdbeerwürfel.
- Ersetze Nuss-Nugat-Creme durch Pflaumenmus, gib Zimt in die helle Creme, nutze gewürfelte Pflaumen statt Sauerkirschen, tausche Löffelbiskuit gegen Spekulatius.
- Ersetze Nuss-Nugat-Creme durch Aprikosenkonfitüre, nutze gewürfelte Nektarine statt Sauerkirschen.
- Was fällt den Schülern sonst noch ein?

- ✂ - - -

Einkaufsliste für 4 Gruppen

- ☐ 500 g Mascarpone
- ☐ 300 g Quark
- ☐ 300 g Crème fraîche
- ☐ 2 Gläser Nuss-Nugat-Creme
- ☐ 2 Gläser Sauerkirschen
- ☐ 16 Löffelbiskuits
- ☐ 4 Vanillezucker
- ☐ Milch
- ☐ Zucker

Tiramisu-Variation mit Nuss-Nugat-Creme

4 Portionen	Zutaten	Arbeitsschritte	Geräte
125 g 70 g 3 EL 1 2 EL	Mascarpone Quark Milch Vanillezucker Zucker	● Alle Zutaten in einer Rührschüssel mit dem Handrührgerät cremig rühren.	Rührschüssel Waage EL Handrührgerät mit Rühr-stäben
125 g 70 g 4 EL	Mascarpone Crème fraîche Nuss-Nugat-Creme	● In einer Schüssel mit dem Handrührgerät cremig rühren. Es kann eine Weile dauern, bis alle Zutaten sich schön verbinden.	Rührschüssel Waage EL Handrührgerät mit Rühr-stäben
4 ½ Glas	Löffelbiskuits Sauerkirschen	● Löffelbiskuits in Stücke brechen und auf vier Gläser aufteilen. ● Jeweils mit 1–2 EL Sauerkirschsaft aus dem Glas beträufeln. ● Dunkle Creme darauf verteilen. ● Kirschen darauf verteilen. 4 Kirschen beiseitelegen. ● Helle Creme darauf verteilen. ● Mit einer Kirsche garniert servieren.	EL Sieb 4 Gläser 4 TL

Denise Reinholdt: Küchenpraxis: 38 schultaugliche Rezepte für die kalte Küche
© Persen Verlag

Zeitangabe 　　　　　　　　　　　　　　　　　　　　　　　**Kosten**

Ernährungsinfos

Allergierisiken: Gluten

Wer Gluten vermeiden will, kann auf glutenfreies Brot zurückgreifen. Idealerweise bitten Sie den Allergiker, sich an dem Tag selbst Brot mitzubringen.

Das Rezept im Unterricht

Passende unterrichtliche Themen:

● Saisonale Küche
● Salate
● Rezepte für Grillfeste und Büfetts
● Messer
● Internationale Küche
● Lebensmittel richtig vorbereiten
● Vorspeisen

Nach dem Einreiben der Brotscheiben mit Knoblauch haben die Finger einen unangenehmen Knoblauchge-ruch. Zeigen Sie den Schülern den Trick aller Tricks – Edelstahl bekämpft Knoblauchgeruch! In Haushalts-warengeschäften gibt es Edelstahlseifen zu kaufen. Es reicht aber auch, den Wasserhahn aus rostfreiem Edelstahl beim Händewaschen abzureiben oder einfach einen Teelöffel aus Edelstahlbesteck zwischen den Fingern zu reiben. Der unangenehme, penetrante Knoblauchgeruch ist sofort verschwunden!

Alternative Zubereitung

Der Bruschettabelag kann auch zusätzlich mit klein gewürfeltem Mozzarella vermischt werden. Dann ist das Rezept zwar nicht mehr ganz original, schmeckt aber dennoch sehr lecker. In diesem Fall passt auch Balsa-micocreme wunderbar.

Für eine Paprikabutter verwenden Sie Paprikamark und Paprikapulver ohne Kräuter und Knoblauch.

Oder Sie bereiten eine Butter mit Kräutern Ihrer Wahl zu: bunt gemischt aus dem Schulgarten, klassisch mit Petersilie und Knoblauch oder italienisch mit Thymian und Rosmarin. Ob mit Knoblauch oder nicht, liegt ganz bei Ihnen. Ein Spritzer Zitronensaft unterstreicht den leicht säuerlichen Geschmack der Butter und passt sehr gut. Vielleicht testen Sie ja auch mal eine Lavendelbutter mit getrockneten Lavendelblüten?

- ✂ - - - - - - - - - - - - -

Einkaufsliste für 4 Gruppen

Bruschetta
☐ 2 vakuumierte Ciabattabrote
☐ 2 kg aromatische Tomaten
☐ 4 rote Zwiebeln
☐ Olivenöl
☐ 2 Bund Basilikum
☐ Salz/Pfeffer

Tomatenbutter
☐ 1 Butter
☐ ½ Tube Tomatenmark
☐ ½ Topf Basilikum
☐ 1 Zehe Knoblauch

☐ 1 EL Zitronensaft
☐ Salz, Pfeffer

Tomatensalat mit Mais
☐ 2 Zitronen
☐ 16 Tomaten
☐ 1 Topf Schnittlauch
☐ 4 TL Senf
☐ 2 Zwiebeln
☐ 2 Dosen Mais
☐ 150 ml Öl
☐ Zucker
☐ Salz, Pfeffer, Paprikapulver

Bruschetta

4 Portionen	Zutaten	Arbeitsschritte	Geräte
½	Ciabattabrot (nicht aufgebacken)	● Ciabatta in gleichmäßige Scheiben schneiden. ● Auf einem Backofenrost verteilen und für 10 Minuten bei 200 °C Umluft direkt in den kalten Backofen schieben.	Brett Brotmesser Backofenrost
500 g 1 4 EL ½ Bund	aromatische Tomaten rote Zwiebel Olivenöl Salz, Pfeffer Basilikum	● Tomaten waschen, halbieren und entkernen. Dann das Fruchtfleisch fein würfeln. ● Die Zwiebel durch die Wurzel halbieren, schälen und sehr fein würfeln. ● Das Basilikum in feine Streifen schneiden. ● Tomatenwürfel, Zwiebelwürfel und Basilikumstreifen mit dem Olivenöl mischen und mit Salz und Pfeffer würzen.	Brett Teelöffel Abfallschale Messer kleine Schüssel EL Anrichtegeschirr
1 Zehe	Knoblauch	● Die gerösteten Brotscheiben kurz mit der Knoblauchzehe abreiben und auf einer Platte verteilen. ● Die Tomatenmasse auf den Brotscheiben verteilen und sofort servieren.	

Achtung: Wenn man die Brotscheiben zu stark mit der Knoblauchzehe abreibt, dann wird das Bruschetta zu scharf!

Denise Reinholdt: Küchenpraxis: 38 schultaugliche Rezepte für die kalte Küche
© Persen Verlag

Tomatensalat mit Mais

4 Portionen	Zutaten	Arbeitsschritte	Geräte
½ 1 TL 3 EL 1 TL	Zitrone Senf Öl Zucker Salz, Pfeffer, Paprikapulver	Zitrone auspressen. In einer Salatschüssel aus Senf, Öl, Zitronensaft und Zucker ein Dressing anrühren. Mit Salz, Pfeffer und Paprikapulver würzen.	Zitronenpresse EL TL Salatschüssel Schneebesen
4 ½ ½ Dose ¼ Topf	Tomaten Zwiebel Mais Schnittlauch	Tomaten waschen, Stielansatz herausschneiden, in Scheiben schneiden. Mais abtropfen lassen. Zwiebel sehr fein würfeln. Schnittlauch in feine Röllchen schneiden, ein paar Halme als Garnitur beiseitelegen. Alle Zutaten zur Salatsauce geben und mit einem Salatbesteck unterheben. Abschmecken. Den Salat auf Suppentellern verteilen und mit den verbliebenen Schnittlauchhalmen garnieren.	Brett Messer Schere Salatbesteck

Tomatenbutter

1 Schale	Zutaten	Arbeitsschritte	Geräte
1 ½ Tube 1 Zehe ½ Bund 1 EL	Butter, weich Tomatenmark Knoblauch Basilikum Zitronensaft Salz, Pfeffer, Paprikapulver	Basilikum abbrausen und in feine Streifen schneiden. Alle Zutaten zusammen in einen Rührschüssel geben. Wichtig ist, dass die Butter wirklich ganz weich, aber nicht flüssig ist. Mit dem Handrührgerät kräftig durchmischen, bis sich alle Zutaten gleichmäßig vermischt haben. In eine passende Schüssel umfüllen und in den Kühlschrank stellen. Zum Servieren mit ein paar Blättern Basilikum garnieren.	Brett Messer Knoblauchpresse Handrührgerät mit Rührstäben Schüssel

Zeitangabe

Ernährungsinfos

Allergierisiken: Gluten, Milchprodukte

Glutenfreie Tortellini sind nur schwer zu bekommen. Den Schmand hingegen kann man laktosefrei kaufen.

Das Rezept im Unterricht

Passende unterrichtliche Themen:
- Rezepte für Feste und Büfetts

Die Schüler sollen mithilfe der Karten die einzelnen Arbeitsabläufe gerecht untereinander aufteilen.

1. Schritt	250 g getrocknete Tortellini nach Packungsanweisung in Salzwasser garen. Danach kalt abschrecken und abkühlen lassen.	½ Salatgurke abwaschen, entkernen und in Würfel schneiden.	3 Tomaten waschen, entkernen und in Würfel schneiden.	½ Stange Porree waschen und in feine Streifen schneiden.
2. Schritt	100 g Kochschinken in feine Würfel schneiden.	250 g Salatcreme mit ½ Becher Schmand verrühren. Mit Salz und Pfeffer würzen.	Die abgetropften Tortellini mit dem Dressing mischen.	Gemüse untermischen. Etwas ziehen lassen und abschmecken.

Einkaufsliste für 4 Gruppen

- ☐ 1 kg Tortellini (trocken)
- ☐ 2 Salatgurken
- ☐ 12 Tomaten
- ☐ 2 Stangen Porree
- ☐ 400 g Kochschinken
- ☐ 1 kg Salatcreme
- ☐ 2 Becher Schmand
- ☐ Salz, Pfeffer

Tortellinisalat

4 Portionen	Zutaten	Arbeitsschritte	Geräte
250 g	Tortellini, getrocknet Salz	● Tortellini nach Packungsanweisung in Salzwasser bissfest garen. ● Abgießen und kalt abschrecken.	Topf Durchschlag
½ 3 ½ Stange 100 g	Salatgurke Tomaten Porree Kochschinken	● Salatgurke und Tomaten waschen, entkernen und in Würfel schneiden. ● Porree waschen und in feine Streifen schneiden. ● Kochschinken fein würfeln.	Brett Messer
250 g ½ Becher	Salatcreme Schmand Salz, Pfeffer	● Mayonnaise und Schmand verrühren. ● Mit Salz und Pfeffer würzen.	Salatschüssel Waage Schneebesen EL
		● Alle Zutaten zum Dressing geben, mit einem Salatbesteck unterheben, abschmecken und kurz durchziehen lassen.	Salatbesteck

Zeitangabe   **Kosten**

Ernährungsinfos

Allergierisiken: Gluten

Verwenden Sie für Allergiker glutenfreies Brot.

Wenn sie das Rezept etwas kalorienfreundlicher gestalten wollen, dann verwenden Sie Salatcreme statt Mayonnaise. Bitte zum Schutz vor Salmonellenbildung immer darauf achten, dass die fertigen Tramezzini gekühlt werden und die Mayonnaise nicht warm werden darf.

Das Rezept im Unterricht

Passende unterrichtliche Themen:

- Fisch – Thunfisch aus kontrollierter Fischerei
- Kochen für Gäste – Partyfood/Büfetts
- Fleischlose Ernährung
- Fast Food

Was haben diese kleinen Brote mit Fast Food zu tun? Das ist meist die erste Frage der Schüler. An diesem und auch einigen anderen Beispielen aus diesem Buch lässt sich zeigen, dass Fast Food nicht immer nur Burger bedeutet. Fast Food ist laut Definition eine Speise, die für den raschen Verzehr produziert wird und bei der zwischen Bestellung und Verzehr nur wenige Minuten vergehen. Tramezzini sind eine traditionelle italienische Variante von Fast Food. Doch auch andere Nationen haben Fast-Food-Speisen im Angebot. So gibt es z. B. die südamerikanischen Wraps (siehe nächstes Rezept). Auch Asien hat Fast Food im Angebot. In China gibt es überall Suppenküchen und man bekommt Suppe direkt auf Bestellung und in Japan gibt es z. B. Sushi, kleine Reis-Fisch-Bällchen, die mit einem Happs im Mund landen.

Fallen den Schülern noch weitere Beispiele für Fast Food ein? Aus anderen Nationen oder auch einfach aus ihrem Alltag? Gibt es sogar in der Schule Fast Food? Man denke hier an Brötchenverkauf, Obstverkauf etc. Dies alles sind Speisen, die schnell ausgegeben werden und schnell, meist auch ohne Besteck, verzehrbar sind.

Einkaufsliste (jedes Rezept für 4 Gruppen)

Thunfisch-Tramezzini
- [ ] 4 Dosen Thunfisch
- [ ] 1 Glas Kapern
- [ ] 500 ml Mayonnaise
- [ ] 2 Pakete Rucolasalat
- [ ] Salz, Pfeffer
- [ ] 2 Pakete Sandwichtoastscheiben

Tomaten-Tramezzini
- [ ] 8 Tomaten
- [ ] 500 ml Mayonnaise
- [ ] 2 Töpfe Basilikum
- [ ] 100 ml Ketchup
- [ ] Salz, Pfeffer
- [ ] 2 Pakete Sandwichtoastscheiben

Eier-Tramezzini
- [ ] 12 Eier, hart gekocht
- [ ] 1 Glas Kapern
- [ ] 500 ml Mayonnaise
- [ ] 1 Topf Schnittlauch
- [ ] 4 Gewürzgurken
- [ ] 2 TL Senf
- [ ] Salz, Pfeffer
- [ ] 2 Pakete Sandwichtoastscheiben

Gurken-Tramezzini
- [ ] 2 Salatgurken
- [ ] 2 × 500 ml Mayonnaise
- [ ] Salz
- [ ] 2 Pakete Sandwichtoastscheiben

Denise Reinholdt: Küchenpraxis: 38 schultaugliche Rezepte für die kalte Küche
© Persen Verlag

Thunfisch-Tramezzini

4 Portionen	Zutaten	Arbeitsschritte	Geräte
1 Dose 6 4 EL	Thunfisch Kapern Mayonnaise Salz, Pfeffer	● Thunfisch abtropfen lassen. ● Thunfisch, Kapern, Mayonnaise und Gewürze in einen Universalzerkleinerer geben und pürieren.	EL Universalzerkleinerer
8 Scheiben 2 Handvoll	Sandwichtoast Rucolasalat	● Toastbrot entrinden. ● Mit der Thunfischmasse bestreichen. ● Rucolasalat waschen und auf den Broten verteilen. ● Brote zusammenklappen. In Frischhaltefolie einwickeln und durchziehen lassen. ● Vor dem Servieren diagonal durchschneiden.	Brett Messer Sieb Salatschleuder Frischhaltefolie

Tomaten-Tramezzini

4 Portionen	Zutaten	Arbeitsschritte	Geräte
2	Tomaten	● Tomaten waschen, entkernen, vom Stielansatz befreien und sehr fein würfeln.	Brett Messer
4 EL 1 EL 6	Mayonnaise Ketchup Salz, Pfeffer Basilikumblätter	● Mayonnaise und Ketchup mit einem Schneebesen sehr gründlich vermischen und würzen. ● Basilikum in feine Streifen schneiden. Zusammen mit den Tomatenwürfeln unter die Mayonnaise rühren.	Rührschüssel EL Schneebesen Brett Messer
8 Scheiben	Sandwichtoast	● Toastbrot entrinden. ● Mit der Tomatenmasse bestreichen. ● Brote zusammenklappen. In Frischhaltefolie einwickeln und durchziehen lassen. ● Vor dem Servieren diagonal durchschneiden.	Brett Messer Frischhaltefolie

Eier-Tramezzini

4 Portionen	Zutaten	Arbeitsschritte	Geräte
3 EL ½ TL	Mayonnaise Senf Salz, Pfeffer	● Mayonnaise und Senf mit einem Schneebesen sehr gründlich vermischen und würzen.	Rührschüssel Schneebesen EL TL
4 5 1 ¼ Topf	Eier, hart gekocht Kapern Gewürzgurke Schnittlauch	● Eier schälen, fein würfeln und in eine Rührschüssel geben. ● Kapern mit einer Gabel zerdrücken und zugeben. ● Gewürzgurke sehr fein würfeln und zugeben. ● Schnittlauch abbrausen und in feine Röllchen schneiden. ● Alle Zutaten vermischen, noch einmal abschmecken.	Brett Messer Gabel EL
8 Scheiben	Sandwichtoast	● Toastbrot entrinden. ● Mit der Eiermasse bestreichen. ● Brote zusammenklappen. In Frischhaltefolie einwickeln und durchziehen lassen. ● Vor dem Servieren diagonal durchschneiden.	Brett Messer Frischhaltefolie

Gurken-Tramezzini

4 Portionen	Zutaten	Arbeitsschritte	Geräte
½ ½ TL	Salatgurke Salz	● Gurke abspülen, entkernen und mit einem Gemüsehobel in dünne Scheiben hobeln. ● Mit Salz bestreuen und 10 min stehen lassen. ● Danach ausdrücken und mit Küchenpapier trocken tupfen.	Brett Messer Hobel TL Küchenpapier
8 Scheiben 8 EL	Sandwichtoast Mayonnaise	● Toastbrot entrinden. ● Mit der Mayonnaise bestreichen. ● Brote mit den Gurkenscheiben belegen und zusammenklappen. ● In Frischhaltefolie einwickeln und durchziehen lassen. ● Vor dem Servieren diagonal durchschneiden.	Brett Messer Frischhaltefolie

Denise Reinholdt: Küchenpraxis: 38 schultaugliche Rezepte für die kalte Küche
© Persen Verlag

Zeitangabe

Kosten € €

Ernährungsinfos

Allergierisiken: Gluten, Milchprodukte

Wer auf Gluten verzichten muss, kann statt auf Weizentortillas auf glutenfreie Varianten aus Reis- oder Mais-mehl zurückgreifen.

Laktosefreier Frischkäse ist ein problemloser Ersatz.

Das Rezept im Unterricht

Passende unterrichtliche Themen:
- Fisch – Thunfisch aus kontrollierter Fischerei
- Kochen für Gäste – Partyfood
- Vegetarische Ernährung (Frischkäsefüllung)
- Fast Food

Als Partyfood bieten sich die Wraps dadurch an, dass sie sehr gut vorzubereiten und sehr modern sind. Mehrere Fast-Food-Ketten bieten Wraps an, da diese schnell mitzunehmen sind und eine komplette Mahlzeit mit Teigware, Gemüse und Eiweißanteil bieten.

Eine schöne Variante für eine Party ist auch, dass die Gäste sich ihre Wraps selber belegen dürfen. Dafür könnte man die Füllungen noch etwas erweitern und z. B. Chili con Carne, Schmand und Reibekäse als weitere Wrapfüllungen anbieten.

Einkaufsliste für 4 Gruppen

- ☐ 16 Tortillafladen
- ☐ 1 Eisbergsalat
- ☐ 8 Möhren
- ☐ 8 Tomaten
- ☐ 800 g Frischkäse
- ☐ Knoblauch
- ☐ Salz, Pfeffer
- ☐ 4 Dosen Thunfisch

  oder
- ☐ 600 g geräucherte Putenbrust

Wraps: vegetarisch, mit Thunfisch oder Putenbrust

4 Portionen	Zutaten	Arbeitsschritte	Geräte
¼ 2 2	Eisbergsalat Tomaten Möhren	● Gemüse waschen und vorbereiten. ● Möhre fein raspeln. ● Tomate vom Stielansatz befreien und in halbe Scheiben schneiden. ● Eisbergsalat in Streifen schneiden.	Gemüsemesser Sparschäler Brett Gemüsemesser Raspel
200 g	Frischkäse Knoblauch, Salz, Pfeffer	● Frischkäse mit etwas Knoblauch, Salz und Pfeffer würzen. Die Möhren-raspel untermischen.	Rührschüssel Schneebesen Knoblauchpresse

Thunfischfüllung

1 Dose	Thunfisch	● Thunfisch abtropfen lassen und mit einer Gabel zerpflücken. Den Thunfisch mit der Frischkäsemasse vermengen.	Gabel

Putenfüllung

150 g	geräucherte Putenbrust	● Das Fleisch in kleine Würfel schneiden und anschließend mit der Frischkäsemasse vermengen.	Gabel
4	Tortillafladen	● Tortillafladen ohne Fett in einer Pfanne erwärmen. ● In die Mitte des Wraps etwas Salat geben, dann Tomaten auflegen und anschließend die Frischkäsemasse andrücken. ● Den Wrap zusammensetzen. Dafür erst den unteren Teigrand hoch-klappen, dann die Seiten einklappen und den Wrap fest in Alufolie ein-wickeln.	Pfanne Esslöffel Alufolie

Denise Reinholdt: Küchenpraxis: 38 schultaugliche Rezepte für die kalte Küche
© Persen Verlag

Zeitangabe   *Kosten* €€

Ernährungsinfos

Allergierisiken: Milchprodukte

Es gibt sowohl Quark als auch Mascarpone als laktosefreie Varianten zu kaufen.

Das Rezept im Unterricht

Passende unterrichtliche Themen:

- Das elektrische Handrührgerät
- Milchprodukte
- Desserts

Die Zitronencreme ist durch die Mischung aus Quark und Mascarpone sehr fest und reichhaltig. Eine Variante mit Sahnequark statt der Mischung wäre etwas weicher, aber auch fettärmer und günstiger. Die Schüler können sich selber überlegen, wie sie ihre Zitronencreme gerne hätten. Noch weicher mit Joghurt? Oder fluffiger mit geschlagener Sahne? Karibisch mit Limette statt Zitrone? Winterlich mit Orange und Zimt?

Gerade solche einfachen Ausgangsrezepte bieten sich an, um die Kreativität in der Küche zu fördern und Ideen auszutesten.

Einkaufsliste für 4 Gruppen

☐ 8 unbehandelte Zitronen

☐ 1 kg Magerquark

☐ 1 kg Mascarpone

☐ ½ kg Zucker

Zitronencreme

4 Portionen	Zutaten	Arbeitsschritte	Geräte
2	Zitronen, unbehandelt	● Zitronenschale abraspeln. ● Zitrone auspressen.	feine Raspel Zitronenpresse
5 EL 250 g 250 g	Zucker Mascarpone Quark	● Zucker und Zitronensaft verrühren. ● Mascarpone dazugeben und mit dem Handrührgerät einrühren. Das Handrührgerät mit langsamer Stufe beginnen lassen. ● Quark hinzugeben und ebenfalls unterrühren. ● Etwas Zitronenabrieb zum Dekorieren beiseitestellen, den Rest unterrühren. ● Die Zitronencreme auf vier Schälchen verteilen und mit restlichem Zitronenabrieb bestreut servieren.	Schüssel Handrührgerät mit Rührstäben EL Waage TL 4 Dessertschälchen

Denise Reinholdt: Küchenpraxis: 38 schultaugliche Rezepte für die kalte Küche
© Persen Verlag

Jederzeit optimal vorbereitet in den Unterricht?